T0285336

Lodro Rinzler

Recupera tu mente

Consejos budistas
para tiempos de ansiedad

Traducción del inglés
de Miguel Portillo

Título original: TAKE BACK YOUR MIND
© 2020 by Paul Rinzler
© 2022 by Editorial Kairós, S.A.
   Numancia 117-121, 08029 Barcelona, España
   www.editorialkairos.com
© de la traducción del inglés al castellano: Miguel Portillo
Revisión: Alicia Conde

Fotocomposición: Florence Carreté
Diseño cubierta: Katrien Van Steen
Impresión y encuadernación: Romanyà-Valls. 08786 Capellades

Primera edición: Marzo 2022

ISBN: 978-84-1121-000-3
Depósito legal: B 2023-2022

Para Adreanna: tengo la suerte de disfrutar de tu amor

Sumario

Parte II:
Lo bueno es que te puedes relajar

Parte III:
De la ansiedad a la actividad compasiva

Parte IV:
Poner a prueba su aplicación práctica a tu estilo de vida ansioso

Introducción

Hablemos de por qué estás siempre ansioso. Si te pregunto sobre tu nivel de estrés, podrías contestarme que es elevado y que es así porque:

- El trabajo es abrumador.
- Hay un sinfín de problemas de dinero.
- Tu pareja ha roto contigo.
- Los problemas familiares están llegando a un punto crítico.
- El mundo te está rompiendo el maldito corazón.

Sin embargo, eso es lo que te está pasando ahora mismo. Mañana, puede que te asciendan en el trabajo, haciendo que los problemas de tiempo y dinero parezcan menos desalentadores o que empieces a salir con alguien nuevo y encuentres una verdadera alegría en su compañía o que tu familia se siente para hablar y tratar de solucionar los conflictos. El mundo tiende a parecer que está en llamas la mayoría de los días, pero tal vez tu ansiedad deje de centrarse en los problemas del mundo y pase a otra cosa. De repente, la situación que te causaba tanto dolor se evapora de tu mente y te olvidas de por qué estabas tan atascado en ella. Eso es lo que hace la ansiedad: busca la manera de apoderarse de tu mente y de que olvides de por qué estabas tan preocupado y vaciarte de tu energía mental hasta que te sientas jodidamente mal, y entonces la ansiedad pasa a algo nuevo en lo que centrarse para repetir el mismo ciclo.

Lo sé porque he sufrido de ansiedad toda mi vida. Cuando tenía diez años, no podía asistir a una fiesta de pijamas en casa de un amigo porque era algo demasiado estresante. Aunque empecé a meditar a los seis años no he podido o sabido eliminar todos los desencadenantes estresantes de mi vida (ni espero que tú lo hagas). He tenido que trabajar con múltiples modalidades, incluidas varias técnicas de meditación que se ofrecen en este libro y formas de discernir cómo reducir ciertos desencadenantes, y mirar la ansiedad en sí misma para vivir una vida que me permita notar cuándo surge la ansiedad, reconocerla y volver a la realidad.

Diría que la meditación me ha ayudado *con* el estrés, no a que mi vida esté «libre de estrés», porque no creo que tal existencia sea posible. Al haber enseñado meditación budista durante los últimos diecinueve años, he visto surgir infinidad de ocasiones estresantes en mi propia vida y en la de mis estudiantes de meditación. Nadie ha descubierto cómo erradicar completamente el estrés. Esa es la mala noticia. La buena noticia es que podemos aprender a darnos cuenta de cuándo surge la ansiedad y no tener que meter la cabeza bajo tierra. En lugar de centrar nuestra atención en la historia del día –ya sea basada en el trabajo, el dinero, las relaciones, la familia o la sociedad–, podemos centrar nuestra atención en la propia ansiedad. Podemos mirar a la ansiedad a los ojos y decir: «En realidad, prefiero gastar mi energía mental en otra parte, gracias». A partir de ahí, podemos permitir que la ansiedad nos atraviese, permitiéndonos descansar en una sensación de relajación que siempre está esperando ser descubierta.

Las lecciones que se presentan en este libro proceden de la tradición budista, pero están hechas para todo el mundo. He intentado que las enseñanzas sean accesibles, de forma que puedas emplear tanto las prácticas formales de meditación budista como las técnicas sobre el terreno que puedan recuperar tu mente… sin necesidad de abonarse a ningún atributo o ideología religiosa.

Dicho lo cual, el libro gira en torno a los tres *yanas* o «vehículos» que el Buda enseñó hace 2.600 años. El primero es el vehículo fundacional, a veces denominado Hinayana. No me gusta esa frase, ya que la traducción del término *hina* puede denotar que se trata de un camino «estrecho» o «menor», así que notarás que me referiré a él como «fundacional». Fundacional implica que el primer paso en nuestro viaje para recuperar la mente es mirar directamente las formas en que perpetuamos nuestro propio sufrimiento, de modo que minimicemos el daño que nos causamos a nosotros mismos y a los demás. Fundacional también apunta a un aspecto fundamental del que podemos partir: nuestra propia bondad fundamental (más sobre esto en breve).

Una vez establecida esa base fundacional en la Primera Parte, al abrir nuestro corazón y nuestra mente a los demás, podemos ampliar nuestro enfoque más allá de nuestra ansiedad. La Segunda y Tercera Parte se centran en lo que se conoce como el camino Mahayana. *Maha* puede traducirse como «mayor» y *yana* como «vehículo». Este camino es una vía que nos permite vivir nuestra vida desde un lugar de compasión, equilibrado con una comprensión de la realidad tal y como es.

Nos basamos en la realidad tal y como es en la Cuarta Parte, al tocar las enseñanzas del Vajrayana, otro camino dentro del budismo. *Vajra* es «indestructible» mientras que *yana* sigue siendo «vehículo» (juro que este libro no está plagado de términos extraños, pero estos son importantes, así que los expongo por adelantado). El aspecto indestructible de lo que somos es nuestra vigilancia innata. Podemos vivir nuestra vida viéndola no como un reto que tenemos que superar, sino como algo intrínsecamente sagrado, si elegimos presentarnos auténticamente y de todo corazón.

Lo creas o no, no eres inherentemente ansioso. Eres intrínsecamente íntegro, bueno y bondadoso tal y como eres. Cuando descansamos en la meditación, descubrimos que debajo de las historias que nos contamos sobre nuestra ansiedad está la propia ansiedad. Cuando observamos la ansiedad en sí misma, nos damos cuenta de que es mucho más efímera de lo que podíamos sospechar. De hecho, debajo de la ansiedad hay una paz innata.

Lo que tienes en tus manos es una guía para trabajar con tu mente de modo que la ansiedad no gobierne tu vida. A un nivel más profundo, es una caja de herramientas prácticas de la que puedes echar mano para llegar a encarnar la atención plena (mindfulness) y la compasión. A un nivel más profundo, se trata de darse cuenta de la propia bondad fundamental, desarrollar la confianza en esa experiencia y verla en los demás para que nos demos cuenta de la bondad de la sociedad en general. Gracias por acompañarme en este camino. Trabajemos juntos para recuperar tu mente.

LODRO RINZLER
1 de junio de 2020

Parte I

Hablemos de
por qué estás siempre ansioso

1. ¿Por qué co*o estoy estresado?

Hace poco, estuve en una cena con amigos. La música era bastante agradable, la comida sabrosa y la compañía divina. Es raro que este grupo se reúna, así que fue un verdadero placer. En algún momento, salió el tema de la política (como suele ocurrir a veces), y me di cuenta de que mi amigo Jonathan cambió de tema. Más tarde, mientras salíamos del restaurante, le llevé aparte y le pregunté cómo estaba. «Siento lo de antes –dijo-, pero me he vuelto tan ansioso que tengo que ver media hora de vídeos de animales cada noche para volver a tener una apariencia de normalidad.»

No tenía ni idea de que la ansiedad de mi amigo había llegado a ese nivel, y aunque me entristeció oírlo, supuse que ver a los animales jugar era mejor que lo que muchos de nosotros hacemos para disminuir el agobio que nos invade. Algunos estamos tan al límite que habitualmente cogemos una botella y echamos un trago. Otros prefieren tomar pastillas. Algunos se sumergen en el trabajo en un esfuerzo desesperado por «ponerse al día» y liberarse de la ansiedad laboral, pretendiendo que mañana no haya nuevos correos electrónicos que responder. Así que… ¿vídeos de animales? Podría encogerme de hombros y aceptar el mecanismo de autoayuda de mi amigo con bastante facilidad.

La conversación se me quedó grabada y me hizo darme cuenta de lo omnipresente y perpetua que es la ansiedad para mucha gente. No es solo mi amigo el que experimenta nuevos niveles de estrés que conducen a la ansiedad. Según un estudio, la ansiedad es el problema de salud mental número uno entre las mujeres, y solo es superado por el abuso de alcohol y drogas entre los hombres. Sin embargo, este problema rampante rara vez se aborda como una epidemia de salud pública. Cerca de cuarenta millones de personas en Estados Unidos sufren un trastorno de ansiedad, según la Anxiety and Depression Association of America.[1]

Si somos sinceros (y me gustaría pensar que podemos serlo entre nosotros), eso es exactamente lo que es: una epidemia. La ansiedad es el mono que muchos de nosotros llevamos a cuestas, del que siempre queremos librarnos, pero del que rara vez hablamos.

Acabo de utilizar dos términos y probablemente debería definirlos: estrés y ansiedad. Se considera que el estrés es la reacción del cuerpo a un desencadenante –ya sea un correo electrónico enfadado en la bandeja de entrada o un tráfico intenso– y suele ser una experiencia de corta duración. La ansiedad, por otro lado, se ha definido como un «trastorno de salud mental sostenido» que puede surgir de un desencadenante estresante, pero que no desaparece.[2] La ansiedad tiene tanto un elemento cognitivo como una respuesta fisiológica (en forma de estrés), lo que significa que experimentamos ansiedad tanto en nuestra mente como en nuestro cuerpo.

Una forma de pensar en la distinción entre estrés y ansiedad es que el estrés es una respuesta a una amenaza, mientras que la ansiedad se manifiesta incluso cuando no hay un peligro claro y presente. ¿Llega el momento de pagar el alquiler y no tienes fondos para pagarlo? En este caso, estamos hablando de un desencadenante de estrés. ¿Te obsesiona una conversación incómoda con tu casero? Has pasado a la ansiedad, centrándote no en un peligro real, sino en un patrón en espiral que ahora te mantiene en una situación de lucha o huida. En otras palabras, la ansiedad se aloja en la mente y permanece durante mucho tiempo, provocando dolores de cabeza frecuentes, sueño inquieto, sensación de mareo, desmayo o vértigo, enfermedades comunes, irritabilidad, problemas gastrointestinales, sensación de agobio, falta de concentración, pérdida de memoria e incluso pérdida de deseo sexual.[3] La ansiedad es como un velo oculto que nos mantiene aislados del mundo que nos rodea. Al igual que un velo real, oscurece nuestra visión: somos incapaces de ver más allá de lo que nos estresa hoy.

Pero ¿y si te dijera que puedes levantar el velo? ¿Que una vez que lo haces, hay un mundo grande y hermoso que puedes disfrutar solo porque, sencillamente, estás viendo más allá de tu capa de estrés y ansiedad?

Aquí es donde te hablo de la meditación. Por supuesto, soy profesor de meditación y he estado guiando a la gente en la práctica durante más de la mitad de mi vida, empecé a enseñar a la edad de dieciocho años cuando todavía estaba en la universidad. Fui criado por padres budistas y comencé a meditar a los seis años. De niño me consideraba raro; no era la única razón por la que me empujaban contra las taquillas en el instituto, pero el hecho de que meditara no ayudaba. Ahora la práctica se ha vuelto tan omnipresente que estaría dispuesto a apostar diez dólares a que el mismo niño que me empujó contra una taquilla está ahora pulsando el *play* en alguna aplicación de meditación guiada.

¿Y por qué no? Hoy en día, cuando uno mira las redes sociales, encuentra cada semana un nuevo estudio científico que enumera los beneficios de una práctica constante de meditación. Se duerme mejor.[4] Se refuerza el sistema inmunitario.[5] Se es más productivo, más creativo. Y tus citas en Tinder se disparan.

Que quede claro que me acabo de inventar el último «beneficio». O, mejor dicho, la mejora de la capacidad de conseguir citas como resultado de la meditación aún no se ha demostrado científicamente mientras escribo este libro. Pero el resto de estos beneficios son reales. Un lector perspicaz puede incluso darse cuenta de que he omitido un beneficio muy conocido: la reducción del estrés.

La razón por la que no he mencionado la reducción del estrés es doble. En primer lugar, hay que echar un vistazo a la lista. Esos beneficios me parecen aspectos auxiliares de que estés menos estresado. Si tuvieras menos estrés, dormirías mejor,

¿verdad? Serías más productivo en el trabajo porque, bueno, te centrarías en el proyecto que tienes entre manos al no estar atrapado en la ansiedad. Si tu cuerpo no se mantiene en un modo de respuesta de lucha o huida, sí, supongo que se curaría mejor y tendrías más espacio para la creatividad. Estos beneficios vienen por el simple hecho de estar menos estresado.

La segunda razón por la que no he hablado de la reducción del estrés es porque creo que el término es un poco inapropiado. El hecho de que desarrolles una práctica de meditación desgraciadamente no significa que tengas una vida mejor que la de los demás y que te ocurran cosas menos estresantes. Sigues teniendo los problemas de dinero que existen para ti en este momento, tanto si meditas como si no. Tu ex sigue siendo tu ex. Tu familiar molesto sigue molestándote regularmente. Los factores de estrés siguen estando ahí, no se han reducido de alguna manera al estilo de *Cariño, he encogido a los niños*.

A primera vista, lo de «reducción del estrés» hace que parezca que si meditas no te ocurrirán nunca cosas estresantes. La bandeja de entrada de tu correo electrónico estará vacía de gente pidiéndote que hagas cosas, tus seres queridos actuarán exactamente como esperas que lo hagan y cada vez que enciendas la televisión el mundo mostrará pura perfección. Pero ese no es el mundo en el que vivimos.

La buena noticia es que la meditación *cambiará* tu forma de relacionarte con esas cosas. Puede que te des cuenta de que la factura de tu tarjeta de crédito está vencida, pero estás más capacitado para tomarte un respiro y disfrutar de tu café matutino, en lugar de pasar cada minuto de aquí en adelante es tresándote por ello. Tu ex sigue siendo tu ex, pero gracias a la meditación ocupa menos espacio mental que antes. El miembro molesto de tu familia sigue haciendo sus cosas molestas, pero no lo llevas contigo durante todo el día; eres más capaz de reconocer lo que hizo y dejarlo de lado.

He meditado durante más de treinta años y puedo decir con bastante seguridad que todavía hay escenarios en mi vida que me producen ansiedad. Por desgracia, no podemos tomar algo como la meditación y decir que borrará mágicamente el potencial de las situaciones estresantes. En su lugar, tenemos que cambiar nuestro pensamiento sobre la meditación para que nuestra definición común se base en el desarrollo de una relación diferente con el estrés.

Si el mundo va a seguir ardiendo en sentido figurado y, a veces, literalmente (os estoy mirando a vosotros, California y Australia), necesitamos múltiples herramientas para permanecer con los pies en la tierra, cuerdos y, sí, incluso con el corazón abierto, en estos tiempos difíciles. Ver vídeos de animales es algo maravilloso, pero solo estamos tratando los síntomas de la ansiedad. En algún momento, tenemos que arremangarnos y tratar la enfermedad.

Se puede vivir sin tanta ansiedad y estrés. Se puede entrenar la mente para encontrar satisfacción, paz y alegría, incluso en medio de circunstancias difíciles. Requiere un poco de trabajo, pero los beneficios duran toda la vida.

2. Los tres reinos del pensamiento ansioso

Toda experiencia está precedida por la mente,
dirigida por la mente,
creada por la mente.
Habla de actuar con una mente pacífica,
y la felicidad seguirá
como una sombra que nunca se va.

EL BUDA[6]

Hay un millón de traducciones de las palabras anteriores del Buda, incluida la omnipresente frase «Somos lo que pensamos», que significa que lo que empieza en nuestros pensamientos se manifiesta de muchas maneras en nuestras vidas. Cada experiencia que tenemos se origina en lo que surge en la mente, por lo que debemos entender cómo funciona nuestra mente.

Para entender mejor la mente, hablemos de tres ámbitos en los que siempre estamos jugando: el individual, el interpersonal y el social.

En el ámbito individual, te encuentras con tu propia mente, que a veces parece indomable y está estresada, y tienes que darle espacio para que se asiente para poder abordar adecuadamente tu ansiedad. En el ámbito interpersonal, cuando te levantas del asiento de meditación, te encuentras con personas que te gustan, con personas que te disgustan y con individuos que no conoces. Ellos también están ansiosos y sufren y, si no tienes cuidado, llevas tu sufrimiento a la conversación con su sufrimiento y todos sufren más. En el ámbito social, la sociedad es un término elegante para las personas mencionadas anteriormente. No es una cosa grande *ahí fuera*, está aquí, ahora mismo, formada por ti y por las personas que te gustan, te disgustan y las que ignoras.

Cuando viajas en tren por la mañana, tu vagón es una sociedad temporal en la que participas. Puedes elegir aparecer y participar en ella de forma amable, sonriendo a tus vecinos y ofreciéndoles tu asiento cuando lo necesiten. Por el contrario, puedes sentarte y esconderte de todo el mundo, o exteriorizar el estrés y la frustración debidos a los retrasos y afectar negativamente a las personas que te rodean. Tú eliges. Y te ofrecen la oportunidad de hacerlo constantemente.

Además de la sociedad de los desplazamientos, está la sociedad del trabajo, la sociedad de la familia e incluso la sociedad de tu casa y la de tu compañero de piso, tu pareja o tu gato. Cada una de estas sociedades las estamos cocreando en un momento dado. La forma en que te presentas en estas sociedades está totalmente bajo tu control, y el camino para afectarlas positivamente se basa en trabajar con tu propia mente. Cuanto más entiendas tu propia mente, más verás cómo tus pensamientos afectan en última instancia a tu discurso y actividad, afectando así a las personas que te gustan y a las que te disgustan sin que a menudo ni siquiera te des cuenta, y cómo nos unimos para formar esto que llamamos sociedad.

Imagina que te pones unas gafas de color de rosa. Cualquier cosa que miraras durante el día te parecería rosa, ¿verdad? Esta es la forma en que la ansiedad actúa sobre nosotros. Una vez que nos conectamos completamente a la ansiedad y dejamos que coloree nuestra experiencia, vemos el mundo a través de nuestra historia de ansiedad actual. Vemos algo en las noticias y pensamos: «¿Será algo bueno para mí? ¿O solo empeorará lo que me estresa?». Nos encontramos con un atasco de camino al trabajo y pensamos: «Llegaré tarde al trabajo por segunda vez este mes; ¡podrían despedirme!». Cuando los coches empiezan a moverse de nuevo, dejamos pasar ese pensamiento y buscamos otro factor externo que refuerce nuestra historia negativa.

Vemos nuestra vida personal, nuestras relaciones interpersonales y a todos los que nos rodean a través de la lente de la ansiedad. Las enseñanzas y las prácticas de meditación que se ofrecen en este libro nos permiten quitarnos esas gafas de color rosa para empezar a ver la realidad con más claridad.

3. Meditación para mantener la calma

Si puedes aceptar tu cuerpo,
entonces tienes la oportunidad de ver tu cuerpo como tu hogar.
Puedes descansar en tu cuerpo, acomodarte, relajarte y sentir
alegría y tranquilidad (...). Tienes que aceptarte tal y como eres.

THICH NHAT HANH, *Cómo amar*[7]

Voy a pedirte que hagas algo que da miedo: estar con tu mente. La forma en que lo haremos es a través de la meditación.

¿Ya te he convencido de lo de la meditación? Dios mío, espero que sí. Este es mi séptimo libro sobre el tema y, aunque me hace gracia que estas cosas sigan siendo recogidas y leídas por buenos seres humanos como tú, sé a ciencia cierta que si la persona no empieza a practicar con regularidad mientras lee estas palabras entonces no verá realmente la transformación que prometo.

Esta transformación particular es parte del camino fundacional del budismo. Mientras me criaba en mi hogar budista, este camino se denominaba a menudo *Hinayana*, que puede ser traducido como «vehículo estrecho». Me parece que ese término es un poco despectivo y, como mencioné en la introducción, prefiero «fundacional», ya que no hay nada estrecho en trabajar con tu propia mente y corazón para, en última instancia, ayudar a otras personas. Las enseñanzas de esta primera sección del libro pertenecen al vehículo fundacional, incluyendo mi práctica favorita: *shamatha*.

Shamatha es una palabra sánscrita que puede traducirse como «permanecer en calma» o «permanecer en paz». Puede que hayas oído hablar de ella como «atención plena (mindfulness) a la respiración». La mejor manera de describir mindfulness es estar con lo que ocurre en el momento presente, sin juzgar. La ansiedad, por su parte, es estar con lo que podría ser, posiblemente, y juzgar esa posibilidad como negativa. *Shamatha*, como práctica, es una forma de hacer las paces con nosotros mismos y con nuestro mundo, aunque no siempre parezca que haya paz ahí fuera. No es una manera de cambiar nuestras circunstancias externas y eliminar las situaciones estresantes por completo (si puedes encontrar la varita mágica que pueda lograrlo, por favor, házmelo saber). En su lugar, echamos un vistazo al estrés y llegamos a la notable conclusión de que no tenemos que perseguir cada pensamiento que produce ansiedad.

Esta es mi advertencia: *shamatha* es difícil. Merece la pena, pero como el aprendizaje de cualquier habilidad nueva, requiere algo de práctica y acostumbrarse. Las instrucciones breves son las siguientes:

- Adopta una postura erguida, pero relajada.
- Siente respirar a tu cuerpo.
- Cuando te distraigas, vuelve a prestar atención a tu respiración.

Eso es todo. Puedes pensar: «¡Vaya, es tan sencillo que hasta yo puedo hacerlo!». Te sientas, imaginando que vas a permanecer ahí en paz durante un rato antes de que aparezca un pensamiento, solo para descubrir que tu mente está dispersa y que tienes miles de pensamientos en el primer minuto. En esta coyuntura, decir que podemos domar la mente ansiosa en la meditación es similar a vadear el océano y tratar de devolver la marea con las dos manos.

Si empiezas en el lugar donde tu mente se siente increíblemente ocupada, genial. De verdad. Este es el sabor de tu mente en un día determinado. Tal vez al día siguiente te resulte más fácil encontrar y permanecer con la respiración. Una semana de práctica constante más tarde y ya te quedas con la respiración durante unos cuantos ciclos de entrada y salida antes de distraerte. Lo que al principio era difícil ahora parece más sencillo.

De la misma manera que te has entrenado en otras áreas de tu vida (aprendiendo a tocar un instrumento musical o preparándote para correr una maratón, por ejemplo), aquí empiezas donde estás y construyes tu aprendizaje de manera incremental en el tiempo. Al igual que cuando pasas de agarrar la guitarra con torpeza a tocar canciones de The Cure o de sudar después de correr un rato a recorrer más de veinte kilómetros, aquí pasas de una mente superestresada a una más dispuesta a relajarse, incluso en situaciones de estrés.

Instrucción detallada para practicar *shamatha*

La forma más sencilla de describir el *shamatha* (meditación de serenidad) es cuando nos relajamos en la sensación natural de la respiración y, cuando inevitablemente nos distraemos, volvemos a esta influencia estabilizadora una y otra vez.* Para desglosarlo un poco, aquí están los tres elementos a tener en cuenta: cuerpo, respiración y mente.

Cuerpo

• Adopta una postura relajada, pero elevada. Siente cómo el peso de tu cuerpo se hunde en el cojín o la silla que tienes debajo. Si estás sentado en el suelo, cruza las piernas sin apretarlas para que las rodillas caigan un poco por debajo de las caderas. Si prefieres arrodillarte, no pasa nada. Simplemente mantén las piernas paralelas para no añadir tensión a la espalda. Es importante que te sientas bien firme en el suelo cuando te sientes a meditar.

---

* Puedes encontrar una grabación de esta meditación en lodrorinzler.com/anxiety.

- Levanta suavemente la columna vertebral, casi como si hubiera una cuerda en la parte superior de tu cabeza tirando hacia el cielo.
- Deja que los músculos de los hombros y la espalda se relajen alrededor de esta fuerte estructura esquelética.
- Levanta las manos desde los codos y deja caer las palmas sobre los muslos: este es un punto de eje natural en el cuerpo que permite apoyar la espalda.
- Permite que tu cráneo se equilibre de forma natural en la parte superior de la columna vertebral con la barbilla ligeramente metida.
- Relaja los músculos de la cara y afloja con suavidad la mandíbula. Incluso puedes colocar la lengua contra el paladar para permitir una respiración clara.
- Si estás acostumbrado a meditar con los ojos cerrados, no hay problema. Deja que tus párpados se cierren suavemente. Dado que estamos intentando despertar a lo que está ocurriendo en el momento presente, te recomiendo que intentes meditar con los ojos abiertos, con la mirada apoyada a un metro y medio por delante de ti en el suelo de forma relajada y suelta.

Respiración

Hay muchas áreas de nuestra vida en las que tenemos la tentación de arreglar, controlar o manipular lo que está sucediendo. En la práctica de *shamatha*, dejamos ir esas tendencias que producen ansiedad y nos relajamos con la sensación física de la respiración, tal como es.

- Al inspirar, date cuenta de que estás respirando.
- Al espirar, relájate con la sensación de la espiración.
- No hay nada que arreglar, nada que cambiar. Solo relájate con la respiración.

Mente

Algunos profesores de meditación afirman que experimentamos entre 60.000 y 80.000 pensamientos al día. Yo diría que a veces parece que todos esos pensamientos lleguen de golpe en el momento en que te sientas a meditar. Tendrás pensamientos; es completamente normal. Deshacerse de los pensamientos no es la cuestión, eso es simplemente imposible de hacer. Pedirle a la mente que deje de pensar es como pedirle al corazón que deje de latir. En su lugar, reconocemos cuando un pensamiento intenta alejarnos del momento presente. Lo reconocemos y volvemos a la influencia calmante y estabilizadora de la respiración.

- Si te sirve de ayuda, puedes decir «pensamiento» cuando notes que te has desviado hacia el pasado o el futuro. Ves que hay pensamientos, los reconoces con «pensamiento» y luego vuelves a sentir la respiración del cuerpo. Lo hacemos una y otra vez.

- Es importante que nos tratemos a nosotros mismos con tremenda amabilidad durante la meditación. Si estás experimentando muchos pensamientos, puedes tener la tentación (después de reproducir el mismo argumento en tu cabeza por duodécima vez) de pasar de decir «pensando» a gritarte internamente: «¡PENSANDO!». Así estarás perpetuando la agresión que ha surgido, en lugar de verla como lo que es y elegir no ceder a ella.
- Cuando notes que te frustras, intenta decirte a ti mismo «pensando» en el tono más amable, casi como si trataras de sacar a un cachorro de debajo de la cama durante una tormenta. El cachorro está ahí, asustado, y nosotros ablandamos nuestro corazón y decimos: «Vamos, amigo, hagamos esto juntos».

Una variación de la técnica tradicional

Aunque en *shamatha* me formaron para utilizar la palabra «pensar», he descubierto que en nuestra época moderna, debido a que muchos de nosotros perpetuamos la autoagresión durante nuestra meditación, podría ser útil llevar esta idea a otro nivel para contrarrestar dicha tendencia. En lugar de decir «pensando» cuando te quedas dormido, podrías usar las palabras «te quiero». Es algo más difícil ponerse superagresivo con uno mismo cuando se ofrece el perdón y la aceptación diciendo «te quiero».

Por favor, ten en cuenta que decir «te quiero» no es lo que tradicionalmente se hace en el budismo y, aunque rara vez me alejo de las enseñanzas tradicionales, este es un experimento al que te invito. Si quieres unirte a mí en el experimento, elige una sesión de meditación para intentar decir estas dos palabras cuando te encuentres distraído: «Te quiero». Te estarás ofreciendo un momento de bondad antes de volver a la respiración corporal. No cambies entre «pensando» y «te quiero» en un mismo periodo de práctica. Acabarás distrayéndote y te pasarás toda la sesión intentando juzgar cuál prefieres. Puedes probar las dos cosas en días diferentes y ver cuál te resulta más atractiva.

Independientemente de lo que te digas a ti mismo cuando te alejes de la meditación, lo principal es que puedas ser amable contigo mismo cada vez que vuelvas a la respiración. Puedes ofrecerte una cálida aceptación y comprensión y, al mismo tiempo, interrumpir los pensamientos estresantes cuando surjan. Cada vez que reconozcas que te has desviado y vuelvas a la respiración, estarás creando nuevos circuitos neuronales basados en la siguiente creencia: «No tengo que perseguir cada pensamiento ansioso que surja». Esta constatación es una muy buena noticia y a través de ella llegamos a comprender que la práctica es extremadamente buena para nosotros. Cuanto más podamos hacernos amigos de la totalidad de lo que somos en la meditación, menos control tendrá la ansiedad sobre nosotros.

Shamatha –o mindfulness– es la base de todas las demás

prácticas que presentaré en este libro. Al dedicar tiempo a estar con el cuerpo respirando, aprendemos más sobre quiénes somos realmente. Aprendemos que no tenemos que entregarnos a esas cavilaciones ansiosas que aparecen, que podemos relajarnos y llegar a aceptarnos a nosotros mismos, y que no tenemos que tejer un capullo para escondernos del mundo que nos rodea.

4. Eliminar las capas del capullo

Nos rodeamos de nuestros propios pensamientos familiares,
para que nada agudo o doloroso pueda tocarnos.
Tenemos tanto miedo de nuestro propio miedo
que amortiguamos nuestro corazón.

CHÖGYAM TRUNGPA RINPOCHE,
Shambhala: La senda sagrada del guerrero[8]

Muchos de nosotros andamos con una armadura puesta, hecha de nuestra propia ansiedad y neurosis. En la tradición Shambhala, el linaje del budismo en el que me formé inicialmente, hay un gran término para esta armadura: capullo. Estamos tan perdidos en nuestras propias cabezas que tejemos una historia tras otra sobre lo que nos estresa ese día, cubriéndonos con una gruesa capa de pensamientos solo sobre nosotros mismos, de manera que es difícil ver más allá de este capullo de nuestra propia creación.

Cuanto más nos centramos en «mí» y en «lo que necesito», más grueso se vuelve el capullo y menos atención prestamos al mundo que nos rodea. Hacemos esto constantemente con la esperanza de que nada doloroso o que induzca miedo pueda alcanzarnos. Incluso puede ser necesario que alguien nos envíe un mensaje de texto de improviso llamando nuestra atención sobre una crisis personal o recibiendo (otra vez) una alerta en nuestro teléfono diciendo que ha ocurrido una tragedia nacional, para que salgamos de la ansiedad del día y abramos nuestros corazones a los demás.

Sin embargo, cuando se medita con regularidad, este capullo se ve *afectado*. Se trata de un pequeño cuchillo que va cortando poco a poco los hilos de nuestra neurosis. Cada vez que te das cuenta de los pensamientos ansiosos y vuelves a la respiración, estás cortando por completo la tendencia a dar vueltas a las mismas ideas y las paredes del capullo se ablandan.

A la gente le interesa mucho la idea de la atención plena y de estar más presente, pero una vez que has realizado la práctica durante un tiempo, empiezas a comprender que también te hace más amable. *Shamatha* te permite no solo conocerte mejor a ti mismo o ver tu estrés con más claridad. Cada vez que te pierdes en tus pensamientos y regresas a la respiración, *shamatha* es en realidad una oportunidad para que seas amable contigo mismo: «Vaya, me he vuelto a perder… Vale, no es para tanto, vuelve a la respiración».

Es lo contrario de lo que muchos de nosotros hacemos, que es utilizar la meditación como una forma de machacarnos aún más: «¡Soy un idiota!», «Apenas puedo permanecer con la respiración», «Estoy fracasando en la vida, incluida mi meditación». Vaya. Esa cantidad de autoagresión es más de lo que podrás soportar. Como mencioné en la instrucción de *shamatha*, lo mejor que puedes hacer es tratarte con amabilidad incondicional cada vez que te desvíes, plantando semillas de amabilidad junto con las semillas de estar más presente.

Cuando has establecido una práctica de meditación profunda, es como coger un martillo neumático, colocarlo justo en el centro del capullo y encenderlo a toda potencia. Cuanto más meditas, más delgadas son las capas de confusión alrededor de tu corazón, dejándote en un estado muy vulnerable, tierno y afectuoso.

El acto de meditar es un acto de intrepidez. En la tradición Shambhala, la intrepidez no significa encontrar una dimensión secreta en la que ya no experimentamos el miedo. Significa que miras directamente al miedo y te mantienes presente con él hasta que se desplaza y cambia.

Cuando surgen pensamientos de miedo o ansiedad en la meditación, tienes una opción: puedes perseguirlos o puedes intentar algo nuevo. Puedes intentar dejar de lado las historias que te cuentas a ti mismo y simplemente estar con la emoción subyacente. Te estás entrenando para sentir lo que sientes sin juzgarlo.

Cuando eres capaz de sentarte con tu experiencia actual, ya sea buena, mala o fea, notas que el capullo empieza a ser menos rígido; puedes asomar la cabeza fuera de él y respirar de nuevo. Estás más disponible para el mundo que te rodea y puedes disfrutar de tus experiencias diarias. El agua sabe deliciosa. El calor del sol es curativo. El ladrido excitado del perro te calienta el corazón. Estas cosas ya estaban presentes antes, pero te ha hecho falta mirar directamente a tu mente y relajar tu control sobre ti mismo para comenzar a notarlas. De hecho, puede que incluso empieces a vislumbrar que puedes desprenderte por completo de tus apretadas capas de patrones habituales y de la ansiedad, aflojando tu ego lo suficiente como para vislumbrar tu bondad fundamental.

5. ¿Quién es el que sufre de ansiedad?

Todos nacemos desnudos y el resto es *drag* (un lastre).

RuPaul Charles,
Lettin it All Hang Out: An Autobiography

RuPaul Charles ha revolucionado la cultura *drag* y la ha hecho accesible como nadie. Tiene una serie de frases que le gusta repetir, entre ellas: «Todos nacemos desnudos y el resto es *drag*», que es quizá la descripción más precisa de la noción budista de *samsara* que he oído nunca. *Samsara* es un término sánscrito que denota el ciclo de sufrimiento que perpetuamos en cada momento de nuestras vidas. Es cómo nos envolvemos constantemente en un capullo hecho de nuestra pasión, agresión e ignorancia, persiguiendo el placer y tratando desesperadamente de evitar el dolor. Esta tensión entre querer solo las cosas buenas de la vida y temer desesperadamente que algo vaya mal es donde medra la ansiedad.

En efecto, nacemos desnudos, libres de ansiedad y estrés, pero con el tiempo nos vemos influidos por historias no muy útiles que nos ofrecen nuestros padres, amigos y profesores, celebridades y, vamos, casi todo el mundo. Esas historias pueden ser:

- La gente que tiene mi color de piel es buena gente.
- Las personas que no tienen mi color de piel son temibles o inseguras.
- Eres de este género y eso es lo que estás destinado a ser para siempre.
- Esta forma de sexualidad es una manera positiva de manifestar el amor.
- Esta otra forma de sexualidad es tabú.

Y así sucesivamente... Antes de que seamos realmente capaces de pensar por nosotros mismos, se nos infunde todo tipo de narrativas que informan nuestra visión del mundo. Partiendo de la idea de RuPaul de «nacer desnudo», la maestra zen Reverenda angel Kyodo williams Sensei introdujo una perspectiva budista sobre estas narrativas:

Llegué guapa, genial, mágica, perfecta, consciente, compasiva, con ganas de amar a la gente, y con ganas de estar conectada. Y por una serie de eventos desafortunados, las estructuras sociales obstaculizaron mi amor, mi compasión, mi deseo de estar conectada a ti, y de verte (...). Así que estoy siendo literalmente liberada, pero no liberada en algo. No tengo que desarrollar nada. Solo tengo que cultivar la bondad natural y fundamental de la humanidad con la que llegué aquí...[9]

Para desentrañar las observaciones de angel, todos nacemos buenos y abiertos, y luego, a través de las historias sociales que nos enseña todo el mundo (desde nuestros cuidadores hasta la gente que diseña los anuncios de internet), nos atascamos en conceptos que nos impiden conectar plenamente con los demás.

Acumulamos historias y relatos que informan sobre cómo nos comportamos y en qué creemos que debemos convertirnos. Luego representamos estas narrativas que hemos desarrollado a lo largo de nuestra vida, vistiéndonos con esos conceptos. Sharon Salzberg, cofundadora de la Insight Meditation Society (Sociedad de Meditación de Introspección), dijo una vez: «Marcamos el territorio de nuestras identificaciones, tanto personales como de grupo, como si tuvieran un significado intrínseco, cuando solo es como dibujar líneas en el espacio».[10]

Noticia de última hora: ¡tú no eres esas construcciones! Cuando te despojes de las ideas fijas y las expectativas que has acumulado a lo largo de la vida, podrás volver a descubrir la ilimitación y la bondad. Eres una paz innata. Eres íntegro y completo. Pero te vistes con un montón de ideas inventadas y esas ideas te apartan de tu experiencia del momento presente.

Día a día, desarrollamos una enorme cantidad de opiniones sobre lo que está bien y lo que está mal, si queremos identificarnos con algunas personas, religiones, movimientos, etc. Construimos lo que los budistas llaman un ego a partir de estos conceptos, apilándolos al estilo Transformer para crear un gran concepto que conforme un ansioso «yo». La noción budista de *anātman*, que es un término sánscrito para decir «sin yo», apunta a la simple verdad de que las historias que nos contamos para conformar este ego no son tan permanentes y reales como podríamos sospechar.

Mi versión del «yo» tiene tantos marcadores que tengo que mirar, que un buen número de ellos causan sufrimiento:

- Soy un profesor de meditación algo elocuente.
- Soy un autor prolífico.
- Soy un gran marido.
- Soy un amigo amable.
- Conservo todo mi pelo.

Podría continuar. Ninguno de estos marcadores de lo que creo que soy es tan malo, ¿verdad? Pero seamos sinceros: podría dar una charla budista realmente mala mañana y mi concepto de ser un profesor decente podría desmoronarse. Parece que a mi mujer le caigo bien, pero ¿realmente diría que soy un «gran marido» todos los días del año? (probablemente no). Además, se me está empezando a caer el pelo, y no debería haber incluido eso en la lista.

La cuestión es que podría aferrarme a estas características que me identifican como quien creo que soy, y cuando inevitablemente surjan pruebas que me demuestren que no son cien por cien exactas, podría acabar desolado y confundido sobre lo que es un Lodro de todos modos. Además, la energía mental que gasto preocupándome por si se me cae el pelo o por lo buena que va a ser cualquier charla es energía desperdiciada.

Así es como funciona el ego: cada vez que algo no va como yo pienso o quiero que vaya –en mi carrera, vida amorosa, con los amigos y demás–, mi mente lo registra como un ataque a mi propio ser. Por eso muchos de nosotros nos tomamos una ruptura no como una señal de que no hemos encontrado a la persona adecuada para nosotros, sino de que somos intrínsecamente indignos del amor; hacemos que se trate del núcleo de lo que somos, no de lo que nos ha pasado. Estamos constantemente cosificando y tratando de apuntalar el ego, lo que perpetúa mucho sufrimiento en nuestras propias cabezas. Es una lucha muy dura intentar que todo se ajuste a lo que queremos. Y no somos solo tú y yo; literalmente, todo el mundo sigue este patrón, y por eso hay tanto dolor (autoinfligido) en nuestro mundo.

¿Conoces a ese político que te parece horrible? Es una construcción de múltiples capas de conceptos y experiencias que informan sobre cómo actúan, qué moral valoran y cómo creen que debería ser el país. ¿Esos supremacistas blancos que marchan contra cualquiera que no se parezca a ellos? Lo mismo: han sido aculturizados (probablemente desde una edad temprana) en un determinado sistema de creencias que les hace pensar que están haciendo lo correcto. Puede que nosotros les echemos una mirada y les llamemos monstruos, pero ellos creen que son héroes basándose en las historias que les han contado durante mucho tiempo (y que siguen contándose a sí mismos).

Muchos de los problemas sistémicos a los que nos enfrentamos ahora nacieron mucho antes que nosotros, pero su perpetuación tiene sus raíces en nuestro propio ego. Como escribió el maestro zen Zenju Earthlyn Manuel: «La raza, la sexualidad y el género nacen de la conciencia de que "yo soy esto". Los sentimientos y percepciones que siguen a esta conciencia dan lugar a una experiencia de la vida basada en la apariencia. La raza, la sexualidad y el género se perpetúan cuando las experiencias pasadas de las mismas se trasladan al presente».[11] Aunque hayamos heredado los conceptos de raza, género y sexualidad de nuestros padres, y estos de sus propios padres, tenemos la oportunidad –hoy– de enfrentarnos a estos aspectos de nuestro ego y tomar decisiones más conscientes sobre cómo tratamos a los demás.

Con el ego, construimos una identidad completa a lo largo del tiempo y actuamos desde la perspectiva de la autoconservación. Sin embargo, a través de la meditación, podemos aprender a deshacer algunos de estos patrones y no tomarnos a nosotros mismos (o a los demás) tan en serio. Podemos, como también ha dicho RuPaul: «Llevar nuestra identidad como una prenda suelta». Podemos aprender a cuestionar algunas de nuestras creencias asumidas sobre quiénes son los demás y volvernos lo suficientemente comprensivos como para dar cabida a perspectivas diferentes de las nuestras, sin perpetuar más sufrimiento.

Imagina que estás ocupado en tu día a día y alguien con quien trabajas te envía un correo electrónico odioso. Tus historias en respuesta pueden incluir: «Esta persona siempre es así. Debe de haber sido criada sin modales», o: «Por supuesto que están tratando de hacerme quedar mal; aquí todo el mundo quiere mi puesto», o: «Si este trabajo no funciona, acabaré como un indigente, viviendo en una caja de cartón en la calle».

Cada día, me reúno con varios estudiantes de meditación de forma individual y veo que, de alguna manera, una vez que perciben una amenaza en el trabajo, esta se dispara en sus cabezas hasta el punto de que creen que acabarán en la miseria. Esto es todo un salto desde un odioso correo electrónico en una bandeja de entrada. Se necesita algo de tiempo y un suave pinchazo para que se den cuenta de que vivir en una caja en la calle no es la realidad de la situación. La realidad es que alguien hizo algo distinto a lo que tú querías que hiciera, y esto llevó a una mentalidad de «yo contra ti» que desencadenó un profundo miedo y ansiedad.

La mentalidad dualista «yo» contra «ti» es la base del sufrimiento interpersonal, así como del sufrimiento social en general. Todo va bien y es estupendo con un amigo, hasta que hace algo con lo que no estás de acuerdo y lo satanizas hasta que las cosas se resuelven. Es cuando esas personas en el gobierno son horribles, y tu partido es el que realmente mira por el país. Creamos esta polaridad constantemente, agrupando a la gente en los campos de lo que nos gusta y lo que nos disgusta, basándonos en nuestras propias expectativas y décadas (a veces siglos) de patrones de creencias y tendencias habituales.

En el pasado, en mis libros, me refería casualmente a una época en la que trabajé en la campaña de Obama de 2012 como organizador de campo. La gente se desvivía por dejar una reseña en Amazon: «Gran libro, pero me gustaría que dejara su política fuera de él». No puedo ignorar que tengo una lente particular a través de la cual veo el mundo político, pero puedo asegurarte, estimado lector, que no me interesa abogar por ningún partidismo. El ámbito de la política a veces no parece diferente del béisbol; la gente elige un equipo y quiere que su equipo gane. El otro equipo se considera una basura y solo le deseamos lo peor porque es malo. Yo estoy aquí para decir que eso es mentira.

Para que avancemos hacia una sociedad más sana y compasiva, tenemos que dejar de culpar a un «otro» amorfo de nuestros problemas. Como escribió una vez el maestro budista tibetano Chögyam Trungpa Rinpoche: «Podríamos culpar a la organización; podríamos culpar al gobierno; podríamos culpar a la policía; podríamos culpar al clima; podríamos culpar a la comida; podríamos culpar a las carreteras; podríamos culpar a nuestros propios coches, a nuestra propia ropa; podríamos culpar a una infinita variedad de cosas. Pero somos nosotros los que no nos dejamos llevar, los que no desarrollamos la suficiente calidez y simpatía, y ello nos hace problemáticos. Así que no podemos culpar a nadie».[12]

Tenemos que mirar hacia dentro y abordar nuestras propias

manifestaciones egoístas de sufrimiento y las formas en que nos quedamos atrapados en la ansiedad. Cuanto más descubramos nuestra paz innata y desenterremos los prejuicios que nos impiden conectar abiertamente con los demás, mejor. Entonces podremos trasladar nuestra práctica del cojín de meditación al resto de nuestra vida, conectando con la gente no desde una mentalidad de «yo contra ti», sino desde la perspectiva de «estamos juntos en esto».

El Dalai Lama lo expresó mejor cuando dijo: «Primero, uno tiene que cambiar. Primero me observo a mí mismo, me reviso, y luego espero el cambio de los demás».[13] La buena noticia sobre cómo cambiar nuestra increíblemente agresiva y caótica sociedad es sencilla: empieza por conocernos mejor a nosotros mismos. Hasta ahora, hemos analizado nuestros pensamientos ansiosos, cómo se manifiestan en los ámbitos personal, interpersonal y social, y cómo pueden solidificarse en un gran capullo que nos aísla del mundo que nos rodea. Hemos hablado de cómo nuestros capullos dan lugar a la identidad sólida, sustancial y no tan divertida a la que nos aferramos tan desesperadamente. Sin embargo, a través de las técnicas de meditación –*shamatha* y otras que compartiré en este libro–, podemos deshacer este caótico ovillo que llamamos ego. De hecho, hay un conjunto de enseñanzas que me gustaría presentarte ahora y que pueden ayudarnos a abandonar las formas en que perpetuamos nuestro sufrimiento para avanzar hacia un lugar de mayor conexión.

6. Las redes sociales y el peligro de la mente comparadora

La comparación nos roba la alegría

Atribuida a THEODORE ROOSEVELT

Hay una analogía tradicional en el budismo: un hombre está caminando por el bosque cuando, de la nada, le disparan una flecha. Ahora, en lugar de sacarla y atender a su propio proceso de curación, empieza a darle vueltas, pensando: «¿Quién me ha disparado? ¿Por qué siempre me disparan a mí? Todos los demás pueden ir por ahí siendo felices, pero yo me doy un paseo por el bosque y, como siempre, acabo con problemas. Fulanito del trabajo sí que se merece que le disparen, pero no yo». Y así sucesivamente. Esta espiral mental se conoce como la segunda flecha.

Flecha n.º 1: El sufrimiento que experimentamos como parte de la vida.

Flecha n.º 2: El sufrimiento que nos infligimos a nosotros mismos como respuesta.

Una de las formas de encerrarse en el estrés y la ansiedad es aferrándonos a la idea de que los demás lo tienen todo solucionado. Así, empezamos a perpetuar un montón de historias sobre sus vidas. Hoy en día, no hay mejor foro para dar rienda suelta a esta idea que las redes sociales. Puedes abrir Instagram y, a los treinta segundos de desplazarte arriba y abajo, ver a personas que presentan la idea de que tienen su vida resuelta, lo que, por supuesto, solo perpetúa la noción de que tú eres el único que no la tiene. Pero íntimamente sabes que todo el mundo está sufriendo. Todos experimentamos flechas en nuestras vidas. La mayoría de nosotros también perpetuamos la segunda flecha. Sin embargo, las redes sociales retratan lo contrario, lo que nos lleva a sentirnos aislados y solos.

No estoy diciendo que la única forma de salir del estrés y la ansiedad sea borrar la cuenta de Facebook (aunque no estaría de más). Lo que digo es que tenemos que reconsiderar lo que significa participar en estas plataformas desde un lugar de autocuidado y responsabilidad.

El camino principal para un uso responsable de las redes sociales es el mismo que el de muchas actividades que realizamos: en primer lugar, debemos analizar por qué lo hacemos. Antes de abrir Facebook, podemos contemplar nuestra intención: «¿Por qué abro esta pestaña? ¿Es porque estoy aburrido con el trabajo y busco escapar de la sensación de aburrimiento?

¿O quiero saber cómo está mi amigo, porque ha estado desaparecido últimamente y quiero ver si ha publicado algo?». Lo primero podría llevarnos a hacer un desplazamiento interminable, y luego enloquecer cuando hayamos perdido media hora. Lo segundo nos llevaría dos minutos y sería a una acción más beneficiosa.

Una vez comprendida nuestra intención, podemos pasar a la actividad beneficiosa. El Buda esbozó una serie de directrices sobre cómo podemos comunicarnos. En sus enseñanzas incluidas en el *Vaca Sutta*, dijo que cualquier declaración promueve la comunicación positiva si cumple estos criterios: «Se dice en el momento adecuado. Se dice con la verdad. Se dice con afecto. Se dice con buena voluntad».[14]

Desglosemos este conjunto de enseñanzas y hagamos un mapa de algo que probablemente no podría haber predicho: la tremenda influencia de las redes sociales.

En lo que respecta a la buena voluntad, podemos fijarnos en nuestra intención al publicar en las redes sociales. Si tenemos algo interesante que decir, ¿nuestra motivación para compartir las buenas noticias es el resultado de un deseo de conectar genuinamente y hacer que la gente se involucre en nuestra vida? ¿O es para que todo el mundo piense que nosotros también estamos bien y que nos va tan bien o mejor que a ellos? Si estamos publicando con una mente de buena voluntad, lo que significa que la intención es conectar y beneficiar a todos los interesados, entonces eso es una señal de que podemos seguir adelante y hacerlo. Si vamos a perpetuar el tropo de alguien que siempre lo tiene todo resuelto, entonces es posible que queramos contemplar si vale la pena compartirlo.

El siguiente factor que podemos considerar a la hora de publicar en las redes sociales es si lo que estamos compartiendo es beneficioso y afectuoso para con los demás. Beneficioso es un término subjetivo, pero se basa en la idea de que lo que compartimos está destinado a elevar o educar a los demás, en lugar de destruirlos. Especialmente en estos días, una plataforma como Facebook parece ser un lugar para que la gente publique mucha ideología política, no tanto con la intención de suscitar un diálogo genuino, sino para demostrar que sus puntos de vista son correctos, desafiando a la gente que no está de acuerdo a que discutan con ellos.

Cuando vemos este tipo de retórica, puede ser una buena idea evitar morder el cebo. Hay un viejo adagio que dice que es mejor ser amable que ser correcto. Cuando nos relacionamos con nuestra comunidad en las redes sociales, esta simple noción puede guiar nuestra mano de manera que construyamos puentes con las personas con las que podemos estar en desacuerdo, en lugar de quemarlos y causarnos más estrés y dolor.

Ahora podemos pasar a ver si lo que compartimos es veraz. Hoy en día, la gente parece publicar muchos de los momentos gloriosos de su carrera o de su vida amorosa sin reconocer el dolor que hay en cada uno de nosotros. Los que solo comparten las aparentemente interminables buenas noticias de su vida, sin momentos de reflexión, están contribuyendo a lo que algunos llaman «teatro del éxito».

El teatro del éxito tiene lugar cuando representamos la noción de que la vida es solo alegre y hermosa momento tras momento, siendo cada nuevo subidón el presagio de una nueva meta superada, de los mejores amigos posibles, y de una vida de facilidad infinita y sin frustraciones. Algunos de nosotros, podemos ver esos *posts* y, en respuesta, cultivar lo que los budistas llamamos alegría simpática, un tipo de alegría que uno experimenta al presenciar la alegría de los demás. Pero, a menudo, cuando vemos a alguien haciendo teatro de éxito, eso nos lleva a tener sentimientos de celos e insuficiencia.

Cuando publiquemos un *post*, quizá valga la pena pensar si estamos compartiendo solo lo bueno e ignorando lo malo. Alguien que comparte una foto de sí misma y de su marido con la leyenda «No hay días malos» o «Siempre cómodos y enamorados» claramente no está siendo sincero. Incluso para las parejas mejor avenidas, hay días malos. En esos días, el amor, aunque pueda estar en el paisaje emocional, se ve oscurecido en cierta medida por una serie de emociones mucho más difíciles. Quizá un pie de foto más honesto sería: «A pesar de nuestras dificultades y de ponernos de los nervios, nuestro amor sigue haciéndose más fuerte». Tengo una teoría: si la gente publicara honestamente sobre sus vidas, no solo ganaría el cacareado alto número de «me gusta», sino que contribuiría a una mayor conexión, incluso fuera de línea.

El último aspecto del *Vaca Sutta* que me gustaría destacar es la idea de publicar en el momento adecuado. Si estamos agobiados y buscamos experimentar el apoyo de otras personas, puede que aprendamos rápidamente que las redes sociales no son la mejor manera de conseguir una conexión íntima. De hecho, publicar «El peor día de mi vida. No me lo puedo creer» puede provocar pocas o ninguna respuesta, y hacernos sentir aún más aislados y ansiosos. El «momento adecuado» para las redes sociales puede ser cuando queremos compartir noticias con una gran audiencia, pero no estamos particularmente apegados a la idea de que tendremos un contacto significativo por ello.

Lo que me lleva a la idea de que las redes sociales no son un sustituto de la conexión humana. El actual cabeza del linaje Kagyu del budismo tibetano, Su Santidad el Karmapa, dijo una vez: «Cuando estás herido, a veces solo quieres que alguien te abrace. Una pantalla plana no puede sostener tu mano y compartir tu dolor».[15] Estoy escribiendo este libro en 2020, que sin duda será conocido como el año en que la pandemia del coronavirus cambió nuestro panorama mundial. Al igual que millones de personas en todo el mundo, trabajo desde casa y mi conexión con los amigos y la familia se limita a las llamadas de Zoom y a las partidas de póquer semanales a través de Google Meetup y una aplicación. Aunque aprecio mucho a mi comunidad, estas interacciones no compensan el hecho de que, durante meses, no haya podido abrazar a un ser querido que está luchando. Del mismo modo, no importa cuántos comentarios recibas sobre algo que publiques en internet, nunca será lo mismo que alguien que te mire a los ojos y te diga: «Eres querido».

Las redes sociales tienen la capacidad de conectarnos con muchas personas, así que tenemos la responsabilidad de publicar cosas que sean verdaderas, amables, beneficiosas, ofrecidas con buena intención y compartidas en el momento adecuado. Pero si no podemos seguir estas enseñanzas fundamentales del Buda o si buscamos conectar más profundamente con los demás, puede que tengamos que cerrar el portátil y buscar a un amigo que pueda dedicarnos espacio, tiempo y ofrecernos apoyo mientras navegamos por nuestras estresantes situaciones. Como dijo el Karmapa: «Internet sitúa nuestras relaciones en la nube, pero nosotros necesitamos vivir nuestras relaciones aquí, en la tierra».[16] Cuanto más arraigados estemos –con nuestra respiración y en nuestro cuerpo–, más capaces seremos de navegar por las flechas que se nos presenten y de no añadir estrés y ansiedad encima, dejando así la segunda flecha atrás.

7. El arte de soltar

Te sugiero que sigas este consejo
procedente de la tradición budista tibetana:
«Períodos cortos, muchas veces».

Dza Kilung Rinpoche, *The Relaxed Mind*[17]

Algunas cosas no tan útiles que quizá ya estés haciendo con respecto a tu ansiedad:

- Castigarte por sentirla.
- Luchar contra ella.
- Beber para adormecerte.
- Esperar a que desaparezca mágicamente.
- Responder a todos los correos electrónicos posibles, con la esperanza de recibir menos mañana.

Lo que puedes hacer con la ansiedad:

- Meditar.

- Dormir más de lo que crees que necesitas.
- Consumir alimentos buenos y nutritivos.
- Beber mucha agua (¿Sabes qué? Vete a por un vaso ahora mismo. Yo esperaré).
- Fijarte en las historias que te cuentas todo el tiempo. Soltar todo eso.

Mi sincera esperanza es que estés unas horas, días o semanas leyendo este libro y hayas experimentado con la meditación *shamatha*. Esta es, de lejos, la forma más efectiva que he encontrado para entrenar a la mente a notar las cavilaciones que se cuenta a sí misma y soltarlas. Sin embargo, no soy ingenuo; es posible que aún no te hayas sentado. Si lo has hecho, ¡genial! Si no, ¿quizás hoy sea el día?

Aquí tienes otras tres prácticas eficaces que te ayudarán a darte cuenta de la línea argumental que te produce ansiedad, y a relajarte de nuevo en el momento presente.

La meditación del hipo

Llamo a esta práctica «la meditación del hipo» porque se trata de una ligera interrupción de lo que te está ocurriendo. Esta técnica no va a desenterrar las causas profundas de tu ansiedad y transformarlas, pero te ayudará a dejar de lado la trama que te atormenta actualmente y te ayudará a volver al momento presente con una mentalidad de «comenzar desde cero».

¿Preparado?

Respira profundamente tres veces por la nariz y luego espira por la boca.

Eso es todo.

Sencillo, ¿verdad? He comprobado que cuando me disparo, este breve intervalo de realizar estas tres respiraciones es suficiente para centrarme sin distracciones en algo distinto a la historia que me estoy contando.

Hace años, cuando me mudaba con mi entonces novia (ahora esposa), tuve que ir a mi antiguo apartamento en Brooklyn con una furgoneta alquilada, empaquetar todo sin ayuda, deshacerme de un montón de muebles (sí, ella tiene mejor gusto que yo), limpiar el lugar y conducir de vuelta a Queens. Sin embargo, ¡solo me había dado unas horas para hacerlo antes de una importante reunión de negocios de última hora!

No es de extrañar que se me hiciera tarde cuando me subí al asiento del conductor. Salí en la camioneta, notando ya cómo mi cuerpo se agitaba por la tensión mientras navegaba por las estrechas calles de Brooklyn en mi vehículo de gran tamaño, solo para entrar en el puente e inmediatamente encontrarme en medio de un atasco. Veinte minutos más tarde, no estaba mucho más lejos de donde estaba antes y mis años de formación en meditación empezaron a parecer un sueño lejano. La ansiedad se había apoderado de mí. Los argumentos de: «Voy a llegar tarde», «Esta gente nunca querrá trabajar conmigo cuando se den cuenta de lo poco profesional que soy» y «¡Siempre haces lo mismo! Siempre te pasas de la raya» se repitieron hasta que me envolví en un capullo bastante apretado.

Entonces me acordé de practicar. Intenté hacer *shamatha*, pero no pude concentrarme durante mucho tiempo debido al tráfico, que arrancaba y paraba. Así que hice esas tres respiraciones profundas: inhalar por la nariz, exhalar por la boca. Repetir. Una última vez.

Después de esta pausa momentánea, noté que mis hombros habían vuelto a su postura normal de descanso. El nudo del estómago se deshizo. Pude volver a sintonizar con la realidad de mi situación y dejar de lado las historias obsesivas que se habían apoderado de mi mente. Simplemente pude relajarme en el presente por un momento y averiguar cómo actuar con más habilidad. ¿Y sabes qué? ¿Las personas con las que debía reunirme? Terminaron reprogramando mi cita diez minutos más tarde. Como muchas de estas situaciones, cuando el estrés empieza a dirigir nuestra vida, lo que me preocupaba ni siquiera estaba basado en la realidad.

La fiesta del pensamiento

A veces, la gente empieza a creer que no puede meditar porque tiene demasiados pensamientos. Cuando les oigo decir tal cosa, me gusta presentarles la fiesta del pensamiento.

La primera vez que experimenté la fiesta del pensamiento

fue en la universidad. Recibía a un maestro budista visitante que había invitado al campus para un fin de semana de meditación completo. Se sentó con el incipiente grupo de meditación que yo había creado (una sala llena de personas estresadas y exitosas) y frunció el ceño. Yo admiraba mucho a este profesor y empecé a preocuparme: ¿no estábamos a la altura? ¿Podría darse cuenta de nuestra inexperiencia? Tal vez. Este profesor nos echó una mirada y dijo: «En lugar de empezar con *shamatha*, vamos a hacer un experimento».

Entonces nos guio para que no nos resistiéramos a nuestros pensamientos ni lucháramos contra ellos. Nos dijo: «Dejadlos fluir». Estuvimos sentados durante unos treinta segundos antes de que dijera: «Más». Pasó otro minuto. «Más». Por último, nos invitó a pensar todos los pensamientos que pudiéramos reunir, y nos dijo que los sacáramos todos de inmediato.

En la misma línea, te invito a probar este experimento ahora mismo: piensa en todos tus pensamientos. Sácalos todos.

Puede que al principio tengas algo en lo que pensar –tus hijos, tu relación romántica, ese programa de televisión que estás viendo compulsivamente–, pero en un momento determinado el depósito se vacía y te quedas sin combustible. No hay pensamientos. Solo por un instante puedes reconocer que no hay nada más en lo que pensar. ¡Qué alivio! ¡Qué relajación! Y entonces a tu mente se le puede ocurrir algo nuevo.

Al igual que la meditación del hipo, esta técnica no te va a ayudar a cambiar tu relación con la ansiedad a largo plazo, pero es una buena cosa que puedes probar y hacer de vez en cuando para recordarte una buena noticia: sí que puedes descansar tu mente, aunque sea por un instante.

Plena consciencia de las emociones

Hasta ahora he hecho hincapié en las prácticas y la filosofía para ayudarte a relacionarte con el estrés y el sufrimiento. Pero si has escogido este libro, es probable que estés lidiando con algunas emociones bastante fuertes causadas por la sospecha muy real de que algo está terriblemente mal, ya sea en ti, con tus relaciones o con nuestro mundo en este momento, y quieres ayuda para navegar por ese terreno.

A veces, cuando nos enfrentamos a emociones fuertes, tendemos a:

- Huir de ellas y distraernos.
- Apaciguarlas e ignorarlas.
- Actuar sobre ellas, con la esperanza de que al hacerlo nos libraremos de las mismas.

Digamos que eres como cualquier otro ser humano y a veces te sientes solo. En lugar de intentar investigar la soledad, tu mecanismo de respuesta es decidir que es demasiado incómoda para examinarla, así que huyes de ella. En lugar de dejar que la emoción se manifieste, te metes rápidamente en Tinder o en otra aplicación de citas, navegas por Facebook o Instagram, empiezas a comprar por internet o te pones a ver algo en Hulu, lo que sea (¡y de cualquier manera!) para distraerte de la sensación en sí. Sin embargo, si alguna vez has hecho esto, sabes que después de la siguiente cita de Tinder, la media hora en las redes sociales, la compra de los zapatos o el final de la temporada, la emoción seguirá ahí esperando para expresarse.

Otra forma de relacionarse habitualmente con las emociones es reprimirlas y esperar que desaparezcan. Como no quieres sentir lo que sientes, intentas insensibilizarte. Tal vez te sirva tomar una copa o fumar algo. Tal vez te repitas una y otra vez: «No voy a mirarte, emoción fuerte». Sin embargo, cuando haces esto, es un poco como la secuencia de entrenamiento de la película *Rocky*. Puede que me esté citando a mí mismo, pero en la preparación para su gran combate, hay un montaje clásico de los años ochenta en el que Rocky sube y baja escalones, salta a la comba y se ejercita de muchas otras maneras para llegar más fuerte y mejor al combate final. Del mismo modo, cuando ignoras tu estado emocional, este pasa por su propio montaje a lo Rocky porque vuelve más grande y más fuerte que nunca y finalmente te hace caer de rodillas.

Una tercera forma en la que puedes distanciarte de forma habitual de tus emociones es volviéndote excesivamente reactivo. A veces, puedes sentirte tan incómodo con un sentimiento determinado que, en lugar de guardar la emoción en tu interior, optas por exteriorizarla con la esperanza de que al hacerlo desaparezca de algún modo. Por ejemplo, tú y tu cónyuge habéis discutido por la mañana antes de salir a trabajar. Físicamente, estás en una reunión, pero mentalmente, sigues discutiendo con tu pareja.

La emoción se ha apoderado de ti: apenas estás presente en lo que ocurre. Sin embargo, sabes que la persona que dirige la reunión está ocupando mucho tiempo, así que, aunque estás enfadado con tu cónyuge y no con esa persona, acabas gritándole delante de todos, pidiéndole que termine porque tienes otros asuntos que requieren tu atención. La sala se queda en silencio. Está claro que esta no ha sido una forma hábil de relacionarte con tu emoción. Ahora, además de la ira, es posible que experimentes algo de vergüenza y tengas que lidiar con las consecuencias de actuar de una manera tan tonta.

Tenemos que aprender una forma mejor de relacionarnos con nuestras emociones. Sobre el tema de la ira, el maestro zen Thich Nhat Hanh ofreció una vez el ejemplo perfecto: imagina a alguien cuya casa se está incendiando. En lugar de intentar primero apagar las llamas, va corriendo tras la persona que ha provocado el incendio para regañarla. Escribió: «Si podemos ocuparnos de nuestra propia ira en lugar de centrarnos en la otra persona, obtendremos un alivio inmediato».[18] Lo que nos lleva al camino intermedio entre huir, reprimir o actuar de forma poco hábil con nuestras emociones es sentir lo que sentimos sin juzgarlo.

Al aprender a estar con nuestros sentimientos sin juzgarlos, estamos aplicando la atención plena a nuestro estado emocional, de forma parecida a como aplicamos la atención plena a nuestra respiración durante la práctica de *shamatha*.

A menudo, cuando experimentamos emociones fuertes como el miedo, la ansiedad y la ira, lo que más deseamos es que desaparezcan. Es como si te siguiera un molesto niño pequeño que no dejara de preguntarte: «¿Por qué?».

«¿Por qué crees que puedes relajarte? He de entregar un informe mañana».

«¿Por qué crees que alguna vez conocerás a alguien? Todas tus pasadas relaciones han fracasado».

«¿Por qué crees que está bien estar preocupado por tu situación económica? Hay miles de refugiados sin hogar en tu frontera que no tienen nada».

Sin embargo, seguimos intentando acelerar el paso con la esperanza de escapar del niño pequeño.

En una de sus primeras enseñanzas, el *Satipatthana Sutta*, el Buda enseñó a ser consciente del tono de los sentimientos que subyacen a nuestros estados emocionales. Mi sugerencia, basada en lo que enseñó el Buda, es darse la vuelta y mirar directamente al niño. Escucha lo que dice el niño. Observa si hay algo de verdad en ello. Simplemente, quédate un momento con el niño sin juzgarlo y, como si fuera un niño de verdad, es probable que se calme.

Joseph Goldstein (cofundador de la organización budista Insight Meditation Society) dio una vez una charla en la que animaba a los estudiantes a notar cuándo surgen las emociones y a decirse simplemente: «Está bien sentir esto».[19] Esta sencilla frase me pareció revolucionaria. No se trata de: «Es hora de que te vayas, emoción» o «Tengo que arreglaros o cambiaros, emociones», sino de decir: «Está bien sentir esto».

Sentirnos abrumados por la vida o por el estado del mundo no significa que estemos equivocados. Está bien sentirse así. En estas prácticas, estamos descubriendo que no necesitamos castigarnos por tener emociones. Son naturales en el estado humano. Cuando nos sentimos atraídos por alguien, sentimos vértigo y emoción. Cuando tememos algo, nos sentimos claustrofóbicos y nerviosos. Está bien sentir estas cosas. El truco es permitirnos el tiempo y el espacio para estar con la emoción, sin ceder al deseo de alejarnos de ella o de intentar resolverla. La siguiente práctica se basa en los consejos de Joseph Goldstein y también se puede encontrar en lodrorinzler.com/anxiety:

- Pon un temporizador para cinco o diez minutos. Adopta tu postura de meditación.
- Empieza por prestar atención a la respiración; sintoniza con la respiración del cuerpo, relajándote con su ciclo natural. Cuando surjan varios pensamientos, reconócelos suavemente y vuelve a la sensación física de la inspiración y la espiración.
- En algún momento, puede surgir una emoción fuerte. Esto es algo natural. En la práctica normal de *shamatha* se la reconoce y luego se regresa a la respiración. Aquí le damos espacio para que se exprese un poco.
- Permítete el espacio para sentir lo que sientes. Di mentalmente: «Está bien sentir esto». Nota cualquier resistencia

a estar con la emoción. Comprueba si puedes quedarte con la emoción en sí. Cuando surjan historias sobre la emoción –maneras de arreglar la situación o lo que le podrías decir a alguien para defender la emoción–, reconócelas con suavidad y déjalas ir, devolviendo tu atención a la emoción misma.

- En este caso, no estamos intentando deshacernos del sentimiento. Lo miramos directamente. Lo vemos como lo que es: un pensamiento con mucha energía detrás. Permaneciendo firmemente anclado en tu cuerpo y confiando en la influencia estabilizadora de la respiración, simplemente mantén tu postura sentada y permanece con la emoción tal y como es.

- Si la emoción cambia o se desvanece, como suele ocurrir cuando la observamos, vuelve a la respiración. Después de que suene el temporizador, respira profundamente tres veces, por la nariz y por la boca, para calmar un poco el sistema nervioso. Vuelve a entrar en tu jornada.

Cuanto más observemos directamente nuestro estrés y ansiedad, más rápido veremos nuestro camino a través de ellos. En el siguiente capítulo, aprenderemos una práctica de meditación de cuatro pasos que nos permite reconocer lo que sentimos y deja espacio para que existan las emociones fuertes, de modo que nos volvamos inquisitivos sobre ellas y, en última instancia, las superemos de forma saludable.

8. Una práctica para trabajar con emociones fuertes

> Momento a momento, podemos elegir
> cómo nos relacionamos con nuestras emociones.
> Este poder de elección nos da libertad,
> y sería una locura no aprovecharlo.
>
> PEMA CHÖDRÖN[20]

Cuando se trata de trabajar con la ansiedad, necesitamos tantas herramientas como sea posible en nuestro proverbial cinturón de herramientas. Partiendo de la práctica de la atención plena (mindfulness) a las emociones, te presentaré la práctica de RAIN. RAIN es una técnica desarrollada por la profesora budista Michele McDonald que me ha resultado muy útil para abordar las emociones fuertes que me han surgido a lo largo de los años. Aunque a veces se aplican diferentes palabras al acrónimo, comúnmente RAIN significa: Reconocer, Aceptar, Investigar y No Identificar. Hagámoslo juntos.*

* Puedes encontrar una grabación de esta meditación en lodrorinzler.com/anxiety.

Comienza sentándote en *shamatha*. A continuación, lleva tu atención a una emoción fuerte, algo que ya esté presente o burbujeando justo bajo la superficie.

Reconócela: puedes ponerle un nombre a la emoción si quieres, como «frustración», «tristeza», «alegría» o «emoción». Si sientes un respiro momentáneo de las emociones fuertes, puedes incluso preguntarte: «¿Cómo me siento ahora mismo?» y notar lo que surge. En este caso, no estamos juzgando estas emociones como buenas o malas. Simplemente estamos reconociendo el paisaje emocional que está presente hoy, después de unos minutos de familiarizarse con estas emociones…

Acéptalas: simplemente permítete espacio para sentir lo que sientes. Puede surgir la tendencia a distraerse, a reprimir las emociones o a actuar sobre ellas. Sin embargo, aquí estamos siendo rigurosamente no correctivos. Mantén tu postura sentada y deja espacio para que las emociones existan sin tener que hacer nada al respecto. No se trata de una actitud profundamente intelectual; es más bien una conciencia intuitiva, confiando en ti mismo en la medida en que puedas estar con tus emociones. Incluso puede haber un momento en el que notes que estás despertando a lo que eres y que ya no intentas escapar de ti mismo, por lo que puede surgir más relajación.

Investigar: a veces considerado como «Interés», el «yo» de RAIN nos invita a interesarnos y sentir curiosidad por nuestro estado emocional. Hay numerosas formas de hacerlo, pero un método sencillo es preguntarse: «¿Qué está tratando de mostrarme esta emoción?» o «¿Hay alguna comunicación válida que surja de esta emoción?». El aspecto difícil aquí es que puedes tener la tentación de involucrar a tu mente pensante y resolver problemas en torno a los escenarios que surgen de esta emoción. Mantén la curiosidad por la emoción en sí, no por las historias que surgen de ella.

Nací y crecí en un hogar budista tibetano. Esta tradición hace hincapié en observar nuestras emociones a través de una lente analítica, examinando la propia naturaleza del sentimiento. Por ejemplo, puedes hacerte preguntas como:

¿De dónde viene esta emoción?

¿Dónde nació?

¿Tiene color? ¿Forma? ¿Tamaño? ¿Textura? ¿Temperatura?

¿Adónde va cuando no la experimento activamente?

¿Estará esta emoción siempre aquí?

A veces, al investigar la naturaleza misma de la emoción, puedes darte cuenta de que no es tan sólida y permanente como podría parecer. Es, de hecho, un pensamiento con mucha energía detrás (como todos los pensamientos) que surgirá y se disolverá cuando se le dé el tiempo para hacerlo.

No identificación: tras reconocer la emoción, darle espacio para que respire y se exprese, y después de haberla investigado, puedes agradecerle suavemente lo que te ha enseñado y ya no te identificas con ella. En este paso, reconoces que tú no eres tu emoción, que, ciertamente, es más una actitud que una acción.

Si te llamas Kate, por ejemplo, no vas a llamarte ahora Kate la Enfadada. El enfado es una parte de ti, pero has demostrado que puedes permanecer lo suficientemente anclada como para abarcarlo sin que te abrume. No es necesario que te apegues o identifiques demasiado con una emoción determinada. Estos estados emocionales son efímeros y cambiarán y se desvanecerán con el tiempo. Al igual que el sonido de una ambulancia al pasar, la emoción puede ser molesta, pero no siempre formará parte de tu experiencia actual. Una forma de hacer la transición es conectar con tus percepciones sensoriales, ampliando tu conciencia para incluir su entorno. También puedes hacer tres respiraciones profundas, inhalando por la nariz y espirando por la boca, para salir de la práctica.

Algunos maestros budistas hacen hincapié en una palabra diferente para la «N», a saber, «Nutrición». Después de haber pasado tanto tiempo observando directamente tus emociones, puede que sigas sintiéndote dolorido o un poco triste. Puedes terminar tu práctica ofreciéndote a ti mismo benevolencia, como se explica más adelante en este libro. O bien, al levantarte de la meditación, puedes tomarte un tiempo para hacer algo que te resulte nutritivo. Puede ser disfrutar de una taza de té caliente, llamar a un viejo amigo o tomar un batido (a mí me gustan los batidos). Después de esta práctica, cualquier pequeño gesto que consideres dentro del ámbito del autocuidado es una buena cosa que hacer al salir de este duro trabajo.

Las emociones fuertes, incluyendo el estrés y la ansiedad, pueden seguir surgiendo en tu experiencia posterior a la meditación. Pero tenemos algunas herramientas más que añadir al cinturón de herramientas para ayudar a reconocer las historias en torno a esas emociones y volver al momento presente.

9. Observar y descartar cavilaciones

Una regla que me he impuesto
es no decir nunca que tengo ansiedad.
Siempre digo que me muevo a través de la ansiedad (...).
Eres más que lo que sea que estés atravesando.

CLEO WADE, *Where to Begin*[21]

Una forma de meditación que puede gustarte es la práctica de la contemplación. Suele comenzar con unos minutos de *shamatha* para permitirnos asentar un poco la mente. Una vez que estamos más relajados en el momento presente, podemos reflexionar sobre una pregunta o una frase y ver qué surge de nuestro instinto, intuición o mente sabia (como quieras referirte a la vocecita que llevas dentro está bien). Quiero ofrecerte tres preguntas que pueden ponerte en contacto con esa voz más intuitiva y menos intelectual en el momento y ayudarte a salir de tu ansiedad actual. No se trata de técnicas formales de contemplación, sino de formas de entrar en una mentalidad contemplativa.

¿Es esto útil?

Una de las formas en que la ansiedad nos atrapa es reproduciendo en bucle las mismas cavilaciones (entre una y tres líneas argumentales). Hay un gran capítulo en el libro *10% más feliz,* del corresponsal de ABC News Dan Harris. Comparte su experiencia de estar en un largo retiro de meditación y cómo, el último día, el profesor principal animó a los participantes a permanecer lo más presentes posible durante el resto de su tiempo en el retiro. Dan levantó la mano e hizo la siguiente pregunta: «¿Cómo puede aconsejarnos que no nos preocupemos por las cosas que tenemos que hacer cuando volvamos al mundo? Será un auténtico problema si pierdo el avión». Le rondaban por la cabeza muchas ideas sobre reservar un coche para que le recogiera, empaquetar sus cosas y hacer otros preparativos. «Me parece justo –respondió el profesor–, pero cuando te encuentres repasando tu viaje al aeropuerto por decimoséptima vez, tal vez te hagas la siguiente pregunta: "¿Es esto útil?"».

He descubierto que «¿Es esto útil?» y mi variación personal «¿Es esto adecuado?» tienen un profundo efecto en mi vida. Por ejemplo, puedo estar en la ducha lavándome el pelo, pero, en mi cabeza, estoy enfrascado en una discusión de ida y vuelta con alguien que (por decir algo obvio) ni siquiera está presente. Y lo que es peor, no es la primera vez que reproduzco la conversación con esta persona, sino la vigésimo quinta. En ese momento, es una buena oportunidad para preguntarme simplemente: «¿Es esto útil?». La respuesta que siempre me ha llegado, como es lógico, ha sido: «No». No es útil preparar una conversación que probablemente nunca tendré con alguien con quien rara vez hablo, ¿verdad? Una vez que reconocemos que una determinada historia que nos estamos contando no es útil ni nos ayuda en nada, es mucho más fácil dejarla pasar.

¿Qué puedo disfrutar ahora mismo?

Cuando somos capaces de salir de nuestra cabeza y relajarnos en el momento presente, podemos vislumbrar una forma sencilla de satisfacción. Cuando prácticas *shamatha* (¿te gusta que ahora asuma que lo estás haciendo, en lugar de que te pregunte si lo estás haciendo?) y eres capaz de descansar con la respiración incluso durante unos pocos ciclos de inspiración y espiración, puedes descubrir que te sientes bien. En este momento de simple descanso con la respiración, antes de que surjan los siguientes pensamientos estresantes, puede que incluso te sientas mejor que bien: te sientes bien con la experiencia. Estás presente en el mundo que te rodea y todo está bien. A esto me refiero cuando uso la palabra «satisfacción».

Cuando meditamos con regularidad, tenemos la oportunidad de tomar cosas muy ordinarias, como beber un vaso de agua, y convertirlas en extraordinarias: la parte extra es que estamos infundiendo la experiencia básica con nuestra presencia. Estamos allí por el sabor del agua y estamos presentes en lo fresca y refrescante que puede ser. De alguna manera, esto que hacemos cada día es algo mágico. Cuanto más medites con regularidad, más podrás aplicar esta pregunta cuando te pierdas un poco en la ansiedad: «¿De qué puedo disfrutar ahora mismo?».

Imagina que estás sentado en la sala de espera de un hospital. Te llegan los resultados de una prueba importante. Aunque no hayas ido al médico en años, esta imagen puede desencadenar cierta tensión en el cuerpo. Pero ¿qué pasaría si en ese momento fueras capaz de preguntarte: «¿De qué puedo disfrutar ahora mismo?».

Esta pregunta nos trae al momento presente el tiempo suficiente para reconocer nuestro entorno. Tal vez veas a dos niños jugando amistosamente al otro lado de la habitación y eso te alegre el corazón. Tal vez una canción que no has escuchado en años está sonando en el sistema de sonido y te trae una dulce nostalgia. Tal vez te des cuenta de que eres capaz de mover tu cuerpo, o ver, o escuchar, y eso es algo milagroso. Puedes disfrutar de cualquiera de esas cosas si te invitas a entrar en este momento.

¿De qué me siento agradecido hoy?

Soy un gran fan de las prácticas de gratitud. De hecho, cada mañana, antes de coger el teléfono o sacar los pies de la cama, reflexiono sobre la pregunta: «¿De qué me siento agradecido hoy?». Puede que mi mujer siga en la cama a mi lado y mi corazón se hinche de gratitud por ella. Puede que un gato esté trepando por encima de mí y mi colección de mascotas flota en mi mente, apreciando su bondad y el simple hecho de que estén sanas. Miro hacia el techo y aprecio el techo sobre mi cabeza y la relativa tranquilidad de mi apartamento. Recuerdo que no llevo mis gafas y experimento gratitud por gozar todavía de la vista. Son cosas bastante básicas y todo este proceso puede llevar solo uno o dos minutos, pero transforma radicalmente la forma en que empiezo el día.

Si quieres, puedes hacer una reflexión similar al levantarte. No te recomiendo que intentes enumerar una cantidad determinada de cosas ni que te obligues a experimentar la gratitud por cosas que crees que «deberías» sentirte agradecido. Simplemente deja un espacio alrededor de la pregunta y observa lo que surge en tu interior. No estás analizando tu situación, es una práctica para escuchar la voz interior que surge cuando se le da tiempo para ser escuchada.

A medida que avanza el día, esta pregunta es útil para reflexionar. Tal vez estés en una reunión que parece que nunca va a terminar. En ese momento, preguntarte «¿De qué estoy agradecido?» puede hacerte pasar de un lugar de frustración a otro de apertura. Puede que mires al otro lado de la mesa y veas a un compañero de trabajo y experimentes algo de ternura, recordando cómo se ha portado amablemente contigo en el pasado. Puede que veas a alguien que está pasando por la pérdida de un ser querido y te sientas agradecido de que tu madre siga viva. Hay un sinfín de cosas por las que podemos desarrollar aprecio, si somos capaces de volver al momento presente.

Con cada una de estas cuestiones, disponemos de una opción: podemos hundirnos en nuestra ansiedad o podemos intentar darnos cuenta de cuándo estamos rumiando un hilo argumental, cortarlo y llegar a lo que está ocurriendo aquí y ahora. En cada momento hay mucho que disfrutar y apreciar. Estas frases nos ayudan a hacerlo.

10. El poder de la sencillez

Vivir con sencillez hace que amar sea sencillo.
La elección de vivir con sencillez
aumenta necesariamente nuestra capacidad de amar.

bell hooks, *Todo sobre el amor*

Vivimos en una sociedad en la que se nos instruye constantemente para querer y hacer «más». Si tienes una buena relación, debes casarte. ¿Casarse? ¿Y los hijos? ¿Hijos? ¡Deberías comprar una casa con patio para ellos! Podríamos aplicar esta ansia de más a la tecnología, la ropa o los coches que compramos, los trabajos que perseguimos, etc. Sin embargo, en algún momento podemos discernir que es una buena idea simplificar nuestra vida, lo que empieza por simplificar nuestra mente y nuestras actividades diarias.

A medida que seguimos profundizando en nuestra práctica de meditación y aplicando técnicas sobre el terreno para relacionarnos con nuestra ansiedad, podemos descubrir que ese discernimiento surge de forma natural. Quizás estés meditando en la respiración y te surja un pensamiento: «Debería llamar a mi madre».

«Pensando», te dices a ti mismo, antes de regresar a la respiración.

Tu mente replica: «No la has llamado en toda la semana».

«Pensando». Unas cuantas respiraciones entran y luego salen de tu cuerpo.

«Eres un chico bastante malvado, ¿lo sabías? La mayoría de la gente llama a su madre mucho más que tú».

«Pensando».

La mala noticia es que tu mente se aleja repetidamente y sigues volviendo a la respiración, hasta que tu mente se aleja en otra dirección. La buena noticia es que después de la centésima vez que hayas reconocido ese pensamiento, probablemente te levantarás del cojín de meditación bastante seguro de que llamar a tu madre es un esfuerzo que merece la pena. Este es un ejemplo de discernimiento en acción: has conseguido ver tu mente en su totalidad y estás aprendiendo qué aspectos de tu vida quieres cultivar y cuáles quieres eliminar. Luego podemos aplicar esas lecciones al resto de nuestra vida.

Una de las lecciones que surgió de mi práctica provocó un cambio importante en mi vida. Después de haber vivido en Nueva York durante más de una década, había alcanzado mi sueño, por así decirlo. Había creado un negocio de éxito, había aparecido repetidamente en *The New York Times* por mi trabajo, me había casado con la mujer de mis sueños, tenía muchos amigos y cosas sociales y divertidas a las que asistir y, sin embargo, a veces me encontraba como una bola de estrés andante. Por favor, recordemos que durante todo este tiempo fui profesor de meditación a tiempo completo. Me sentaba a meditar todos los días y asistía con frecuencia a retiros para profundizar en mi práctica y estudio. Andaba recorriendo el proverbial camino cuando se trataba de mi práctica de meditación, pero todavía se desencadenaban increíbles situaciones estresantes. Fue entonces cuando me di cuenta de que necesitaba aplicar un poco de discernimiento cuando se trataba de mi entorno.

Mientras meditaba, a menudo notaba los sonidos de nuestros ancianos vecinos discutiendo a través de las delgadas paredes. Después de años de esta distracción (junto con el sonido de la construcción que resonaba en mis oídos y las sirenas de las ambulancias que pasaban, entre otros), empecé a admitir que mi mente podría sentirse menos agitada si no viviera en un entorno tan estresante. Mi mujer y yo habíamos estado recientemente en el norte del estado de Nueva York, en una pequeña casa de huéspedes de la propiedad de mi madre, durante unas semanas. Reflexioné sobre ese tiempo y sobre lo mucho que disfruté de su sencillez. Empezamos a hablar de la idea de vivir una vida más sencilla. Cuanto más empezaba a escuchar a mi corazón y a mi cuerpo, más me daba cuenta de lo quemado que estaba de vivir en Nueva York. El ruido, los olores y el ritmo constantes –que antes eran estimulantes– me estaban agotando. Necesitaba un cambio.

Seis meses después, hice una serie de sacrificios, pero es-

taba viviendo en el norte del estado de Nueva York. Mi mujer
podía seguir yendo a la ciudad a enseñar meditación y yo
llevaba la mayor parte de mi trabajo en internet. Mientras
escribo esto, estoy sentado en una acogedora y tranquila habitación en Hudson, Nueva York, con el agradable sonido de un
tren silbando de fondo y un cachorro dormitando a mis pies.
Habiendo discernido que la ciudad de Nueva York era ya demasiado para mi sistema, por muy doloroso que fuera mar-
charme, lo hice y sigo sintiéndome mil veces más a gusto que
nunca antes en mi vida.

Comparto esta historia no para inspirar a nadie a dejar la
ciudad de Nueva York (mantengo que es la mejor y más sofis-
ticada ciudad del mundo), sino para compartir cómo a veces
tenemos que eliminar cosas que ya no son buenas para nosotros. Puede que tengamos que sacrificar algunas de las cosas
que nos dicen que debemos perseguir (como perseguir la fama
y la fortuna) por cosas que nos parecen personalmente significativas (como el espacio y el autocuidado). Para la mayoría
de las personas, el discernimiento que surge de la meditación puede no llevarlas a desarraigarse de su situación vital,
pero puede indicarles que se alejen de ciertos hábitos o comportamientos. Puede que te des cuenta de que:

- Pasas demasiado tiempo mirando las noticias.
- Hay algunas personas en tu vida que no son muy buenas
  contigo.
- Necesitas límites entre tu trabajo y tu vida familiar.

- Compras más ropa de la que puedes usar.
- Te sientes agotado después de pasar todo el día mirando pantallas.

Cuando nos tomamos el tiempo necesario para aquietar la mente, hay mil cosas que podemos aprender sobre la simplicidad y sobre cómo podemos querer cambiar nuestra vida.

Aunque no soy fan de cómo se comporta a veces la industria del bienestar, aprecio la necesidad de los autocuidados. El autocuidado significa cosas diferentes para cada persona. Para mí, significa comer alimentos nutritivos, priorizar suficientes horas de sueño, hacer ejercicio y, sí, lo has adivinado, meditar. Esto parece algo obvio, ¿verdad? Sin embargo, déjame preguntarte: ¿cuándo fue la última vez que hiciste las cuatro cosas en un día?

Puede que durmamos hasta tarde y nos sintamos bien por la falta de bolsas bajo los ojos, pero nos damos cuenta de que ya no tenemos tiempo para ir al gimnasio. O hacemos ejercicio y nos sentimos muy bien, pero nos damos un atracón de comida basura porque, bueno, ya hemos quemado esas calorías, ¿no? Estoy seguro de que si hicieras estas cuatro cosas en un solo día –comer bien, dormir bien, meditar y hacer ejercicio– experimentarías más claridad y energía que te ayudarían a afrontar las situaciones estresantes de tu vida.

Al ofrecerte esas cuatro actividades, hay un empujón implícito para que mires tu vida y veas lo que puede ser necesario eliminar para simplificar y tener tiempo y espacio para cuidar de ti mismo. Esta noción de autocuidado incluye el conocimiento de tus propios desencadenantes (claramente, algunos de los míos son las discusiones de los vecinos y las sirenas) y el establecimiento de límites en torno a ellos de la mejor manera posible.

A veces, los estudiantes de meditación acuden a mí porque se sienten bombardeados por el ciclo interminable de noticias. Cuando escucho esta queja, me acuerdo de algo que la autora bell hooks escribió una vez: «Si, colectivamente, exigiéramos que nuestros medios de comunicación retrataran imágenes que reflejaran la realidad del amor, esto sucedería. Este cambio alteraría radicalmente nuestra cultura».[22] En cambio, los medios de comunicación se empeñan en retratar imágenes de violencia, que alimentan nuestro subconsciente y dominan nuestras mentes. Entiendo que puede ser difícil evitarlo si se trabaja en un lugar donde la televisión está encendida las veinticuatro horas del día, pero para la mayoría de nosotros, se trata de la necesidad de establecer límites claros sobre lo que hacemos con nuestro tiempo.

Si eres el tipo de persona que recibe alertas de la CNN sobre tragedias de última hora, que enciende la televisión en cuanto llega a casa para escuchar las noticias de fondo o que aprovecha cada pausa del trabajo para consultar Twitter en el baño, tengo que decírtelo: te estás provocando más ansiedad de la necesaria. Thich Nhat Hanh lo expresó mejor cuando señaló: «Cada vez que disfrutamos de un rato de ocio, queremos invitar a otra cosa a entrar en nosotros, abriéndonos a la televisión y diciéndole a la televisión que venga a colonizar-nos».[23] Tiene razón: ¡estamos pidiendo que las situaciones estresantes se apoderen de nuestro cuerpo y nuestra mente! Para cuidarnos mejor, tal vez debamos practicar la simplicidad eliminando esas influencias tóxicas.

No estoy diciendo en absoluto que nadie deba ignorar las noticias del día; es importante mantenerse informado a través de una amplia variedad de fuentes, con objeto de enriquecer nuestra comprensión del mundo en el que vivimos. Sin embargo, a veces, el ciclo de noticias sin pausa puede colonizar nuestro cerebro, haciendo que deje de ser útil estar expuesto a un desfile de sufrimiento constante. En este sentido, un truco que aprendí hace tiempo es apagar las notificaciones de mi teléfono. He ido tan lejos en esta dirección que ni siquiera recibo un zumbido cuando alguien me envía un mensaje de texto. Tiene que llamar para sacarme de lo que quiero estar concentrado y llevarme a la distracción y, potencialmente, al estrés. El resultado final es que atiendo a mi teléfono cuando quiero, en lugar de que me sirvan constantemente disparadores en bandeja.

Si sospechas que el uso del teléfono, la televisión o internet te está causando más angustia de la que es útil, es hora de establecer algunos límites. Hay un montón de aplicaciones y sitios web que te ayudan a controlar el uso de tu teléfono e internet y a cerrar ciertas aplicaciones o bloquear ciertos si-tios después de un tiempo preestablecido. Tú también puedes desactivar un montón de notificaciones si ya no te sirven.

Puedes dejar de seguir las cuentas de las redes sociales que te provocan ansiedad y centrar tu atención en las que generan positividad y apoyo. Si eres obsesivo como yo, puedes incluso programar las horas en las que respondes al correo electrónico para no estar constantemente mirando tu teléfono cada vez que te entra un mensaje «quizás esto me asuste». Puedes mover el mando de la televisión a algún lugar que no esté de paso, evitando así el impulso habitual de encenderla simplemente porque está ahí.

Tómate un momento para considerar cuánto tiempo quieres dedicar realmente a exponerte a las noticias y a otros desencadenantes. De verdad, tómate dos minutos ahora mismo para discernir cuál sería esa cantidad de tiempo. Una vez que determines esta cifra, comprométete con ella como si fuese tu dieta de medios. Al igual que una dieta de alimentos, tendrás que aplicar algo de disciplina y limitarte solo a lo que dices que quieres hacer. Si quieres, puedes hacer un seguimiento en un cuaderno de la vieja escuela. Puedes disfrutar del tiempo a fondo e instruirte en los temas del día. Sin embargo, cuando haya transcurrido ese tiempo, tienes que aplicar la disciplina de parar. Te alegrarás de haberlo hecho.

La meditación es una herramienta útil para reformatear fisiológicamente el cerebro. Sin embargo, si te levantas de tu asiento de meditación y estás rodeado de desencadenantes estresantes, será difícil mantener cualquier apariencia de atención plena, de mindfulness. Si te fijas en la mejor manera de simplificar esas horas posteriores a la meditación, eliminando algunas de las tendencias perjudiciales que puedes dar por sentadas, te sorprenderá el mayor espacio mental de que dispones para las cosas positivas que puedes hacer.

En esta sección, hemos revisado nuestra relación con el estrés y la ansiedad, y hemos desarrollado un sólido cinturón de herramientas repleto de prácticas que podemos emplear para relacionarnos con estas emociones fuertes. Para trabajar con la mente, podemos realizar mi práctica favorita –*shamatha*–a fin de atravesar el capullo de los relatos que nos mantienen aislados del mundo que nos rodea. Podemos relacionarnos más plenamente con nuestras emociones a través de prácticas como RAIN, aprendiendo que está bien que sintamos lo que sentimos, ahora mismo en el momento. En nuestra experiencia posterior a la meditación, podemos considerar las trampas que nos impiden conectar con el presente, ya sean las redes sociales que incitan a la mente a comparar o los marcadores de identidad a los que nos aferramos y que nos separan de otras personas, y simplificar, soltando las partes tóxicas de nuestras vidas.

Cuanto más presentes estemos en el cuerpo, dentro o fuera del cojín de meditación, más empezaremos a conectar con el mundo que nos rodea. Como señaló bell hooks al principio de este capítulo, cuanto más sencilla sea la manera en que vivamos, más capacidad tendremos de amar. En la siguiente sección, empezamos a explorar lo que significa acometer nuestras relaciones interpersonales y la sociedad en general desde un corazón afectuoso y abierto. Si la mala noticia es que no hay un botón mágico que podamos pulsar para eliminar las situaciones estresantes, la buena es que el estrés no es nuestro estado natural. De hecho, somos básicamente buenos.

Parte II

Lo bueno
es que te puedes relajar

11. Descubrir nuestra bondad fundamental

No basta con sufrir.

THICH NHAT HANH, *Being Peace*

Me he centrado en las malas noticias: la ansiedad existe (lo siento). Aparece como ese velo que nos separa del mundo que nos rodea y a veces parece que ese velo es imposible de levantar. El otro día recibí un correo electrónico de una alumna de meditación que fue al médico tras enfrentarse a unas circunstancias bastante horribles. ¿El diagnóstico en una consulta de media hora?: «Sufrirás de ansiedad el resto de tu vida». No me extraña que me escribiera aterrada. Decirle a alguien que siempre estará ansioso solo va a hacer que lo esté más.

Aunque la ansiedad puede formar parte del tejido de tu vida en este momento, puedes mitigar tu relación con ella mediante la meditación y, así, disminuir los desencadenantes estresantes en tu existencia cotidiana. Tal vez hayas leído el capítulo de la sencillez, hayas dejado tu trabajo y tus relaciones, hayas reunido una gran cantidad de comida enlatada y ya te hayas ido a una cueva en el bosque. Pero si no lo has hecho, probablemente necesitarás contemplar cómo navegarás por tus estresores. Para ser franco, si estás leyendo esto en una cueva, supongo que encontrarás nuevos estresantes, como la fluctuación de la temperatura o el miedo a que los osos te visiten mientras duermes. Estés donde estés, surgirán desencadenantes estresantes, estés meditando o no.

La buena noticia, por supuesto, es que la meditación puede ayudarnos a reconocer nuestros pensamientos ansiosos, verlos como los efímeros mosquitos que son, y soltarlos.

La mejor noticia es que no eres una persona inherentemente ansiosa. De hecho, puedes relajarte. A pesar de las descuidadas palabras del médico, nadie está destinado a vivir una vida de ansiedad constante. Sí, me doy cuenta de que puedes haber llegado a usar la identidad de una persona ansiosa –no has conocido mucho más durante mucho tiempo–, pero este marcador de identidad es en realidad solo la capa superficial de lo que realmente eres. En cambio, eres inherentemente bueno.

Cuando meditamos, no solo nos familiarizamos con nuestras neurosis, ya sean los celos, el miedo o incluso la vergüenza, también descubrimos nuestra sabiduría innata. En el budismo tibetano, llamamos a esto bondad fundamental. Es la cordura que hay bajo la superficie, nuestro propio núcleo vulnerable y tierno de humanidad que espera emerger para que podamos beneficiarnos a nosotros mismos y a los demás. Todo el mundo posee la bondad fundamental y cuanto más nos relajemos en el momento presente, más podremos descubrirla por nosotros mismos.

Este es probablemente el término más importante del libro, así que permítanme desglosarlo. *Fundamental* no implica que sea grosera o vulgar. Significa que la bondad es inherente y fundamental a todos nosotros. No tenemos que salir a buscar esta bondad; es básica para quienes somos en este momento. La bondad no está relacionada con una batalla al estilo de la *Guerra de las galaxias* entre el bien y el mal. No existe la «maldad fundamental» ni gente que la encarne contra quienes debamos luchar. «Bondad» implica un sentido de integridad. Somos primordial y completamente perfectos: no hay nada malo en nosotros o que necesite arreglo.

Si acabas de dar un suspiro de alivio, seguro que no serás el único; la noción de bondad fundamental es potente y contracultural. Desde pequeños nos enseñan que hay algo malo en nosotros, que tenemos que hacer más, ser más y lograr más; resulta agotador. Cuando nos dejamos llevar por la mentalidad de necesitar siempre «más», nunca podemos relajarnos en el momento presente y apreciar lo que somos. En lugar de eso, miramos hacia delante para ver quiénes podríamos ser.

Esto significa a menudo que estemos pendientes del siguiente paso en la vida: el siguiente peldaño de la escalera que hay que subir para nuestra educación, que podría llevar a un buen trabajo, que podría llevar a una buena situación financiera, que podría llevar a un buen hogar, que podría crear espacio para una buena familia, y así sucesivamente. Constantemente se nos presentan más cosas que debemos hacer en la búsqueda de la bondad en lugar de buscarla en nuestro interior.

Así que, para no dar más rodeos, la mejor noticia que puedo ofrecer es muy buena: podemos darnos cuenta de que somos inherentemente buenos, enteros y completos tal y como somos. No necesitamos un montón de factores externos para estar completos, podemos experimentar esa plenitud aquí y ahora.

Pero, por favor, no te fíes de mi palabra. Si quieres enfurecerte contra mí y decir: «La gente es una mierda, incluido yo mismo», adelante. Sin embargo, en algún momento, mientras meditabas, supongo que fuiste capaz de relajarte en la respiración durante unos instantes y en ese ligero hueco te diste cuenta de que: «Vaya. Estoy bien ahora mismo». Este momento en el que nos damos cuenta de que, bajo la vorágine de pensamientos intrusivos, estamos básicamente bien es uno de los más poderosos de la meditación. El maestro budista tibetano Chögyam Trungpa Rinpoche dijo una vez: «Experimentamos visiones de bondad todo el tiempo, pero a menudo no las reconocemos. Cuando vemos un color brillante, somos testigos de nuestra propia bondad inherente. Cuando oímos un sonido hermoso, estamos escuchando nuestra propia bondad fundamental. Cuando salimos de la ducha, nos sentimos frescos y limpios, y cuando salimos de una habitación congestionada, apreciamos el repentino olor a aire fresco. Estos acontecimientos pueden durar una fracción de segundo, pero son experiencias reales de bondad».[24]

Al vislumbrar la bondad fundamental, comienza la parte hermosa de la meditación. Después de haber meditado durante más de treinta años, he aquí la totalidad del camino tal y como yo lo entiendo, dadas mis limitadas capacidades:

1. Descubre tu bondad fundamental.
2. Desarrolla la confianza en tu bondad fundamental.
3. Observa continuamente el mundo a través de la lente de tu bondad fundamental.

Eso es todo. Si has tenido el más mínimo momento de meditación en el que te has relajado en tu estado natural y has sentido un atisbo de bondad, tacha el punto número uno de tu lista. Sin embargo, la mayor parte del tiempo que pasamos en el camino espiritual es para aprender a confiar en esa experiencia, para aprender a aceptar lo que somos, momento a momento. Cuanto más hagamos este trabajo, más podremos conectar con los demás y con el mundo que nos rodea desde un lugar de bondad fundamental, en lugar de uno de estrés y ansiedad.

No solo tú y yo somos básicamente buenos, sino todo el mundo. Todas las personas poseen una bondad fundamental, lo que significa que la persona que te cortó el paso en el tráfico es básicamente buena. Tu ex es básicamente bueno. Tu jefe difícil es básicamente bueno. Y, sin embargo, estas personas se comportan a veces como imbéciles. Por extraño que parezca, ¡ambas cosas pueden ser ciertas!

Si estás explorando esta noción de bondad fundamental (o mejor aún, la has experimentado hasta cierto punto), entonces sabes que hay veces que estás en contacto con tu bondad y sabiduría inherentes y otras veces no tanto. Te encantaría manifestar constantemente la bondad fundamental, pero he aquí que el vendedor telefónico que te llamó cuando salías corriendo por la puerta te hizo enfadar y le gritaste. Este es un ejemplo de que tú, con tu bondad fundamental y todo, sigues actuando a veces desde un estado confuso, en el que estás más en contacto con tu neurosis que con tu mente despierta.

No lo digo para avergonzarte, sino para señalar que tú y yo podemos poseer la bondad fundamental y aun así actuar a veces desde un lugar de confusión. Dios mío, yo sé que lo he hecho a menudo. Saber que a veces puedo ser poco hábil me permite dar a otras personas un respiro cuando hacen lo mismo.

Imaginemos que estás atrapado en el tráfico durante tu viaje matutino. Tu mirada se posa en un caballero frustrado en el siguiente coche que murmura para sí mismo y golpea el volante con los puños. En lugar de cerrar tu corazón o girar hacia otro lado, ¿qué pasaría si tuvieras un momento de reconocimiento?: «Vaya, esta persona llega tarde al trabajo y está enfadada por el tráfico, igual que yo». O si ves a un dependiente agobiado en unos grandes almacenes que se dirige a los clientes de forma brusca, corriendo como un pollo sin cabeza. En ese momento te das cuenta de que «esta persona está teniendo un día difícil, igual que yo». El hecho de que estas personas actúen con rabia o con tristeza o de cualquier otra manera no niega su bondad inherente, ¿verdad?

Un solo momento de reconocimiento y comprensión es la cuna de la compasión. Soy básicamente bueno. Ellos también lo son. Se forma una conexión con el corazón. Cuanto más desarrollemos una relación con nuestra propia bondad fundamental, más podremos reconocerla en los demás.

Tú y yo, más todos los que amamos, más esa gente difícil, más el gran número de personas que no conocemos, sumamos una cosa: la sociedad. Cuando pensamos en que la sociedad está formada por todos esos individuos básicamente buenos, nos abrimos a la posibilidad muy real de que la propia sociedad sea básicamente buena. Está formada por personas que se esfuerzan por experimentar la paz y la calma, pero como a menudo no saben cómo hacerlo, entran en una espiral de ansiedad y actúan en consecuencia. Para cambiar el rumbo de la realización de la bondad en nuestra sociedad, tenemos que empezar por profundizar en nuestra propia relación con la bondad fundamental. Sin embargo, para permanecer verdaderamente arraigados en nuestra bondad, tenemos que observar lo que nos impide ver a través de esa lente todo el tiempo: la trampa de la duda.

12. La trampa de la duda

> Un momento me siento bien, y al siguiente
> mi autoestima aparece arrastrándose detrás de una esquina
> con un bigote de porno de los setenta y una gabardina abierta
> para recordarme lo cohibida que debería estar.
>
> ADREANNA LIMBACH, *Tea and Cake with Demons*[25]

Mi último libro se tituló *Corazones rotos. Consejos budistas para el desconsuelo*, y en él hay un breve capítulo en el que comparto un momento especialmente devastador de mi vida y cómo un amigo me animó recordándome cómo volvería a experimentar el amor. En ese capítulo, ofrecí la misma oportunidad: escribí que si el lector sentía que nunca volvería a amar, podía enviarme por correo electrónico su número de teléfono y yo le llamaría para asegurarle que sí lo haría. Años y cientos de correos electrónicos de este tipo después, sigo respondiendo a todas las personas que me escriben.

¿El denominador común en muchos de esos correos? Por debajo de la ruptura actual, existe la sensación de que no somos dignos de ser amados. No somos lo suficientemente buenos. No estamos lo suficientemente juntos. No se es capaz de ser amado. ¿Los demás? Claro. ¿A ti? No tanto. Lo he visto cientos de veces, en cada carta escrita de forma diferente y comunicando la creencia de que el autor simplemente no da la talla. Esta es una manifestación de lo que podemos llamar la trampa de la duda.

La trampa de la duda es el principal obstáculo que nos impide descansar continuamente en nuestra bondad fundamental. Tal vez estés meditando y vislumbres que estás bien –solo durante un minuto– con la respiración, descansando firmemente en el momento presente. Pero entonces surge un pensamiento: «Eres un imbécil. No puedes descansar. Tienes que hacer algo más que esto. Estás perdiendo el tiempo». O mejor aún: «Eres una pérdida de tiempo». La duda ha vuelto a asomar su fea cabeza.

Según mi tradición, la duda puede manifestarse de seis maneras. La primera te resultará sorprendentemente familiar (hola, ansiedad, ya te veo), pero los otros aspectos de la duda surgen con frecuencia cuando estamos aislados de nuestro sentido innato de plenitud.

1. Ansiedad

Piensa en el estribillo de «El sonido del silencio», de Simon & Garfunkel cuando cantan: «Hello, darkness, my old friend/ I've come to talk with you again» [Hola, oscuridad, vieja amiga/He venido a hablar contigo otra vez]. Cuando no duermes lo suficiente o experimentas un aumento significativo de los desencadenantes estresantes, la ansiedad vendrá naturalmente a hablar contigo de nuevo, una vieja amiga que busca acaparar parte de tu tiempo.

Desde el punto de vista budista, la ansiedad surge cuando caes en la trampa de la duda. Te cuestionas si, en el fondo, eres básicamente bueno o completo tal y como eres y, por lo tanto, te tragas la idea de que, si solo pudieras conseguir esa cosa nueva que hay ahí fuera, serías feliz. Esta nueva cosa puede ser una pareja perfecta, un trabajo, un hijo, una casa o una rutina de ejercicios. Puede ser cualquier cosa. Si sentimos curiosidad por nuestra experiencia, nos damos cuenta de que siempre estamos deseando algo nuevo, algo más, que nos complete. ¿Y cuando no lo conseguimos? Nos sentimos ansiosos y lo deseamos más. ¿Y cuando lo conseguimos? Nos sentimos ansiosos y anhelamos otra cosa.

Por ejemplo, puedes estar buscando un ascenso en el trabajo. Experimentas ansiedad por ello durante todo un mes: si lo consigues, podrías permitirte mudarte del lugar donde vives con compañeros de piso, lo que sería maravilloso. Si no lo consigues, probablemente signifique que no te valoran en el trabajo. Ahora que has establecido un buen número de cavilaciones con las que obsesionarte, pasas todo tu tiempo libre angustiado por este asunto.

Entonces recibes la gran noticia: ¡Lo has conseguido! ¡Increíble! ¡Enhorabuena! Tras una ligera pausa, piensas: «Oh, no. ¿Cómo voy a dar la noticia a mis compañeros de piso? Se quedarán hechos polvo!», o: «¡La mudanza es tan estresante que no puedo creer que tenga que ir a mirar sitios por mi cuenta!». Tu mente ya ha encontrado algo nuevo para que vuelvas a estar ansioso.

Otra posibilidad es que no consigas el ascenso. Lo siento. Y tras una ligera pausa, piensas: «¿Será este un trabajo sin salidas? ¿Debería despedirme?», o: «Algo debe estar mal en mí. Pronto me despedirán ¡y acabaré en la calle!». Tu mente también ha encontrado nuevas cosas por las que preocuparse.

Estoy aquí para decirte que puedes mirar a la ansiedad a los ojos y no huir de ella. No tienes que dar vueltas a esos cuentos. Puedes sentarte con la emoción, dejar que te atraviese *sin* pensamientos repetitivos y volver al momento presente. La capacidad de estar con nuestra experiencia actual –buena, mala o fea– y permanecer arraigados en nuestra bondad fundamental... En eso nos formamos durante la meditación.

2. Celos

Tus compañeros de trabajo salen a comer sin ti y te preguntas por qué no te han invitado. ¿Has hecho algo malo? ¿No eres popular? Reaparecen los temores de la escuela de que te elijan el último para el partidillo del patio, y he aquí que te has dejado llevar directamente a la conclusión de que en ti debe haber algo muy chungo. Sin embargo, en lugar de enloquecer de ansiedad, tus dudas se manifiestan aquí como celos: «Invitaron a todo el mundo menos a mí».

Cuando el mundo no nos trata como esperamos, acabamos decepcionados y, en algunos casos, experimentamos envidia hacia esas personas que percibimos que lo tienen mucho mejor que nosotros. No nos sentimos plenos y completos en nosotros mismos, así que nos ponemos celosos de la persona que tiene más dinero, o está casada mientras nosotros seguimos sin pareja, o tiene una casa mientras nosotros estamos atrapados en un apartamento de mala muerte. Cuando empezamos a compararnos con los demás, no obtenemos ninguna alegría.

Un antídoto, cuando nos perdemos en los celos, es recordar que todos sufren de alguna manera. La persona que tiene mucho dinero también puede estar sola la mayor parte del tiempo. ¿La persona que está casada? Puede que tenga dificultades para pagar sus facturas. ¿La hermosa casa? Se desmorona por dentro y estresa a todos. Nadie vive en una situación perfecta, así que tenemos que recordar que estas personas pueden no mostrar sus problemas abiertamente y debemos mostrar amabilidad hacia aquellos de los que estamos celosos, porque sus problemas están definitivamente allí.

3. Despiste

A veces, cuando estás tan perdido en las historias que te cuentas a ti mismo sobre que no das la talla, puedes perder la pista de los detalles de tu vida. Te metes en una espiral y eso consume tanta energía mental que no queda ninguna para reconocer lo que está sucediendo en el momento presente.

Por ejemplo, ¿alguna vez has entrado en una habitación, perdido en tu propia cabeza, has levantado la vista y te has dado cuenta de que no tienes ni idea de por qué has ido allí en primer lugar? Pues bien, esto es la duda que se manifiesta como olvido. Estás tan aislado de la realidad de tu situación y tan perdido en tu monólogo interior que puedes pasar de una habitación a otra sin recordar lo que deberías estar haciendo en ninguna de ellas.

Para contrarrestar el síntoma del olvido, es una buena idea ir más despacio. Camina más despacio. Tómate el tiempo necesario para dar un sorbo a tu bebida y saborearla. Fíjate en lo que te rodea. El acto de reducir la velocidad físicamente puede ayudarte a volver al momento presente, donde puedes conectar de nuevo con tu propia bondad fundamental, sacándote de la trampa de la duda y el consiguiente olvido.

4. Arrogancia

Imagina a la persona más arrogante que conoces. En lugar de perderte en las emociones en torno a lo idiota que es, tómate un momento para considerar esto: ¿es posible que esté compensando en exceso su falta de confianza?

Cuando no te sientes muy bien contigo mismo, puedes tener

tendencia a hincharte para compensar el gran agujero negro de la duda que estás experimentando. En lugar de mirar directamente a tu sensación de duda, gastas tu energía mental diciéndote a ti mismo que tienes razón y que cualquiera que no esté de acuerdo contigo está equivocado, o que eres más inteligente o mejor que esas personas con las que tienes un problema. Esto puede resultar, francamente, agotador.

Cuando notes que estás manifestando la duda como una forma de arrogancia, puedes hacerte una pregunta: «¿Es realmente así?». ¿Es que los argumentos de los demás no tienen puntos válidos? ¿Que tú sabes más que todos los que te rodean? ¿Es esto cierto al cien por cien? De alguna manera, volverse suavemente inquisitivo con nuestra experiencia afloja nuestra arrogancia y nos hace más abiertos a las perspectivas de otras personas, devolviéndonos a un lugar de comprensión y compasión.

5. Calumnia

Cuando alguien no se siente muy bien consigo mismo, tratará de menospreciar a otras personas para ponerlas a su nivel.

No creo que tenga que decir demasiado aquí: o bien has actuado de esta manera, o bien conoces a alguien que lo ha hecho. Las personas que están genuinamente conectadas con la bondad fundamental no se salen de su camino para arrojar sombras sobre otras personas, sino que tratan de usar su discurso para ensalzarlas.

Ser más conscientes de nuestra forma de hablar es una forma segura de salir de los patrones negativos. Puedes tomarte un día, por ejemplo, y controlar cómo hablas de los otros. ¿Tus palabras suelen elogiar y beneficiar a los otros? ¿O drenan tu energía o la de los demás? Si es esto último, puedes aplicar algo de disciplina para volver a utilizar tu discurso como una herramienta para el bien.

6. No hay sincronización entre la mente y el cuerpo

Estás corriendo por tu casa, perdido en tu propia cabeza, y de alguna manera este es el momento –el único momento realmente– en que tu ropa se engancha en la puerta. Rompes tu jersey favorito (que es insustituible) y ahora también estás estresado por eso. ¿Por qué? Bueno, cuando estás completamente sumido en la duda sobre tu propia valía y bondad, puedes encontrarte físicamente fuera de lugar.

Las personas que tienen la sensación de estar bien, generalmente tienen una facilidad y una energía naturales. La palabra tibetana sería *ziji*, que puede traducirse como «confianza», pero una versión más directa sería «irradiar esplendor». Cuando estás en contacto con la bondad fundamental, irradias una sensación de calidez y gracia. Cuando estás desconectado de ella, también lo estás de tu cuerpo y acabas tropezando en la acera, dejando caer los vasos de agua y golpeándote el dedo del pie.

Por suerte, todos estos síntomas de la duda tienen tratamiento. La receta no es mas que lo que he comentado antes: notar los relatos que nos contamos a nosotros mismos, soltarlos y volver a la experiencia somática del momento presente. Cuando volvemos a nuestra respiración, al movimiento del cuerpo o cuando escuchamos la conversación que tenemos entre manos, podemos encontrar un momento de relajación. En este momento de paz, estamos en contacto con una experiencia de integridad y completud. A través de la práctica de la meditación, podemos entrenarnos para soltar la trampa de la duda y volver a liberarnos de la ansiedad, momento a momento.

13. Despierta tu corazón abierto

Así que tratas de apelar a la bondad de cada ser humano.
Y no te rindes. Nunca te rindes con nadie.

Diputado John Lewis, *On Being with Krista Tippett*[26]

Una forma segura de dejar de lado las cavilaciones que producen ansiedad en nuestra cabeza es dirigir nuestra atención a las personas que nos rodean. A uno de mis primeros maestros budistas le gustaba decir: «Si quieres ser desgraciado, piensa solo en ti mismo. Si quieres ser feliz, piensa en los demás». Este cambio fundamental libera nuestra energía mental de la concentración excesiva en problemas que pueden no tener una solución actual y nos abre al mundo que nos rodea.

Hay un término en sánscrito que comunica este potencial humano para conectar con los demás: *bodhichitta*. *Bodhi* puede traducirse como «abierta» o «despierta», mientras que *chitta* se refiere a nuestra mente/corazón (no hay mucha distinción entre el corazón y la mente en este contexto). En conjunto, *bodhichitta* se refiere a nuestra capacidad humana innata de abrir y despertar nuestro corazón para poder estar más en contacto con los demás.

Todo el mundo tiene un talón de Aquiles en su interior, una apertura y una ternura que esperan ser reveladas. ¿Recuerdas la vez que ibas caminando por la calle y ese cachorro hizo esa cosa de cachorro absoluta y tu corazón se derritió? Este es el punto blando del que hablo. Es el amor por el amor. No es que te sientas atraído románticamente y quieras salir con un perro, ¿verdad? Es solo que experimentas el amor, tal cual. En esta etapa, habiéndonos afianzado en las enseñanzas fundacionales del trabajo con nuestra propia mente, pasamos a una nueva etapa: el camino Mahayana. *Maha* puede traducirse como «mayor o grande» y *yana* como «camino» o «vehículo». Al pasar de la cabeza al corazón, de la ansiedad a la *bodhichitta*, estamos esencialmente cambiando el enfoque de ocuparnos solo de nosotros y de nuestros problemas personales a uno de mayor conexión con el mundo que nos rodea.

En cualquier momento, puedes hacer una elección: puedes perpetuar las cavilaciones que producen ansiedad en tu cabeza o elevar momentáneamente la mirada y conectar con lo que está ocurriendo delante de tus narices. Cuando te tomas incluso estas pequeñas vacaciones de tu ansiedad para comprobar tu entorno, a menudo hay algo con lo que puedes conectar que es una puerta de entrada para abrir el corazón: una madre que cuida de su hijo, dos amigos que se reconectan y se abrazan durante demasiado tiempo, un hombre que solloza y otra persona que le coge suavemente la mano. Lo bueno y lo malo del mundo está esperando para despertar tu corazón, si eres capaz de descorrer tu velo de ansiedad por un momento.

Es muy posible que lo que te impida tener el corazón abierto sea tu miedo a que te hagan daño. Puede tratarse de algo romántico, en que has puesto tu corazón sobre la mesa antes y un compañero se ha acercado con un mazo cómicamente grande y lo ha hecho pedazos. En ese momento, puede que se te hayan revuelto las entrañas y hayas pensado: «Me cerraré a este nivel de vulnerabilidad, nunca más me expondré». Puedes amurallar tu corazón, envolviéndote en tu capullo, actuando desde un lugar donde prime el miedo.

Esta cerrazón no tiene que ser necesariamente por algo romántico. Puede ser un asunto de negocios. Hace años, trabajaba muy estrechamente con alguien y teníamos la hermosa costumbre de mencionar cuando percibíamos que la otra persona estaba operando desde un lugar de miedo. Uno de nosotros podía expresar su preocupación por perder una oportunidad y el otro le preguntaba suavemente: «¿Estamos actuando desde un lugar de apertura o desde un lugar de miedo?». Incluso el hecho de plantear la pregunta nos devolvería a un lugar de *bodhichitta*, queriendo abordar nuestro trabajo desde un sentido de vasto potencial para ayudar a los demás, en contraposición a abordar nuestro trabajo desde una mente cerrada o temerosa.

Podemos empezar a notar que cuando cerramos nuestros corazones, la ansiedad nos sigue, al igual que el envilecimiento de otras personas. Cuando nos ensañamos con los demás, cerrándoles nuestro corazón, nos perjudicamos a nosotros mismos y al mundo que nos rodea. La verdadera paz, interna y para la sociedad en general, no se logrará cerrando nuestros corazones a ciertos tipos de personas, lo que nos llevará a tratar de eliminarlas sistemáticamente de nuestras vidas. No, la verdadera paz vendrá de suavizar nuestros corazones e incluir incluso a las personas difíciles que nos rodean como parte de nuestra práctica de compasión.

Algo curioso ocurrió cuando entrevisté a personas para mi último libro, *Corazones rotos. Consejos budistas para el desconsuelo*. Bueno, varias cosas divertidas. Una de ellas fue que pensé que todos los que vinieran a reunirse conmigo y a compartir su historia de desamor querrían hablar de su ex, pero, de hecho, muchas personas experimentaban desamor sobre el estado del mundo y se consideraban muy solos al sentirse así. La otra cosa curiosa fue que cuando esas personas que se sentaban conmigo hablaban de su ex sufrían una transformación.

Para que quede claro: no estaba allí para aconsejar a nadie. Mi trabajo era simplemente sentarme y escuchar. Hacía la pregunta: «¿Cuál es tu experiencia de desamor?», y me callaba. Teníamos veinte minutos juntos y, a veces, la otra persona consideraba esa primera pregunta y se dedicaba a responderla. Me contaban lo mucho que querían a su ex, y luego las cosas horribles que había hecho, y lo imbécil que era el/la ex, y entonces algo cambiaba.

Se ablandaban hacia esa persona. Cuando se les daba mucho tiempo y espacio para que simplemente verbalizaran sus emociones y fueran escuchados de una manera no crítica, tomaban a alguien que una vez habían pensado que era un amante y que luego veían como un enemigo y finalmente terminaban sintiendo pena por ellos. Nuestro tiempo juntos a menudo concluía con: «Son unos terribles capullos y se merecen todo tipo de desgracias, pero espero que al final encuentren la felicidad».

He descubierto que cerrar mi corazón a alguien solo me causa dolor y ansiedad hasta el mismo momento en que puedo ablandarme con esa persona. Desde luego, la otra persona no interrumpe repentinamente una conversación y dice: «Lo siento, tengo que ir a sentirme mal conmigo mismo; alguien al otro lado del país está teniendo pensamientos negativos sobre mí». Cuando me siento y reflexiono sobre lo idiota que está siendo alguien, solo estoy creando más agresión en mi propio corazón y mente. Cuanta más energía mental gasto en el ámbito de la agresión, más enloquecido y aterrador me parece el mundo exterior.

Un marco budista útil al considerar la noción de *bodhichitta* es el del cuerpo, la palabra y la mente. Si nuestro corazón/mente está abierto, nuestro discurso será naturalmente compasivo y nuestras actividades y actos corporales seguirán el mismo camino. Si nuestro corazón/mente está cerrado, perpetuaremos patrones negativos en nuestra forma de hablar y actuar. En otras palabras, cuando gastamos mucha energía mental perdida en esta noción dualista de «yo» contra «ellos», estos pensamientos se convierten en discurso y acciones, que en última instancia nos perjudican a nosotros y a los demás.

Si observamos directamente nuestras emociones intensas y la tendencia a desconectarnos de nuestra *bodhichitta*, estaremos bien preparados para lidiar con las personas de nuestra vida que son unos absolutos imbéciles (una vez que empezamos a utilizar términos como «gilipollas», por cierto, es una indicación de que les podemos haber cerrado nuestro corazón, en lugar de incluirlos en nuestra *bodhichitta*). En su libro *Desafiando la tierra salvaje*, Brené Brown señala: «Es difícil odiar a la gente de cerca». A menudo, cuando hemos llegado al punto de pensar en alguien como nuestro enemigo, es porque no lo hemos visto en persona o no hemos estado sometidos a su presencia durante un largo período de tiempo.

Prueba este ejercicio de pensamiento: trae a la mente a alguien que consideres un completo imbécil o que no creas que merece tu compasión. Ahora, haz un mapa de su día: ¿Qué hace cuando se levanta? ¿Es amable con su cónyuge? ¿Juega con sus hijos? ¿Patea a su perro o lo cuida bien? Continúa siguiéndola mentalmente: ¿Se frustra en un atasco de tráfico? ¿Da propina al camarero de su cafetería local? ¿Se le desbaratan los proyectos en el trabajo? Síguela hasta la noche, dejando que se meta en la cama. En total, esto podría ser un ejercicio de cinco minutos.

Aunque lo hagas desde la comodidad de tu casa y no la sigas literalmente, puede que tengas momentos en los que empieces a ver un punto de conexión y tu corazón empiece a relajarse y ablandarse. Puede que pienses: «Yo también me enfado cuando llego tarde al trabajo», o: «Solo intenta mantener a sus seres queridos, igual que yo». Estos destellos de «igual que yo» son los momentos en los que nos reconectamos con la *bodhichitta*, el corazón vulnerable blando y cariñoso que ha estado esperando ser redescubierto.

Un ejercicio menos teórico sería pasar realmente una tarde entera con la persona que te resulta tan difícil. Probablemente verías su preocupación por su cónyuge, sus frustraciones tan humanas y su sufrimiento en general. Cuando vemos el dolor que todos –todos– experimentan, se hace muy difícil odiarlos y considerarlos como «otros».

Considerar a alguien como «otro» es un acto fundamentalmente agresivo. Cuando etiquetamos a alguien como «otro», estamos diciendo que nosotros tenemos razón, que ellos están equivocados y que no merecen ser tratados como seres humanos de pleno derecho. En mi experiencia, es muy doloroso ser ajeno, encontrarse con el corazón cerrado de otra persona, y supongo que tú también has sentido ese dolor. Aquí hay tres herramientas que nos ayudarán a cortar el impulso de cerrar el corazón a esas personas difíciles:

1. Mindfulness

De acuerdo, estoy haciendo leña del árbol caído. A Thich Nhat Hanh le gusta hablar de cómo podemos «patrocinar nuestra ira» con mindfulness. Escribió:

Normalmente, cuando la gente está enfadada, dice y hace cosas que causan daño a los demás y a sí mismos. Hay personas que hablan y actúan de forma que hieren a los otros. Creen que al hacerlo liberarán el campo de energía de ira que arde en sus corazones. Gritan y chillan, golpean cosas y lanzan flechas envenenadas a los demás. Estos métodos de liberación son peligrosos (...). Por lo tanto, el método de la observación consciente para ver y comprender las raíces de nuestra ira es el único método que tiene una eficacia duradera.[27]

Si practicamos meditación regularmente, se produce una brecha en nuestra experiencia entre sentir lo que sentimos y actuar en consecuencia. Esta brecha, cuando podemos descansar en ella, es la diferencia entre lanzar esas flechas envenenadas de la palabra a los demás y hacer el trabajo interno para transmutar la ira en simpatía. Podemos experimentar cualquier cosa que surja, permanecer presentes en ella sin juzgarla, y entonces, una vez que nos hemos calmado, responder a otras personas de una manera finalmente más compasiva.

La razón por la que menciono la simpatía es porque puede que, habiendo descansado con nuestras emociones, nos demos cuenta de que la persona que nos ha hecho sufrir sin duda también está sufriendo. Si te resulta útil, antes de hablar con esa persona que despierta en ti emociones tan fuertes, podrías preguntarte: «¿Creo que esta persona sufre?», o: «¿Creo que esta persona es la mejor versión de sí misma?». Hacerlo podría cortar la tendencia dualista «yo» contra «ellos» y ayudarte a ver en ese momento que la única cosa en la que podéis conectar es en que ambos estáis sufriendo. Cuando nos damos cuenta de que yo estoy sufriendo y tú estás sufriendo, la simpatía y la compasión pueden florecer.

2. Recordar la bondad fundamental del otro

Es fácil que al tachar a alguien en tu corazón, digas que todo el mundo tiene una bondad fundamental, excepto esa persona. Pero espero que a estas alturas sepas que esto no es cierto. Todo el mundo posee la semilla del despertar en sus corazones, pero no todos han estado expuestos a oportunidades para regarla. Recuerda practicar la consideración de las dificultades a las que esta persona se ha enfrentado y ver si eso ayuda a ablandar tu corazón hacia ella.

No estamos dándoles un pase para el mal comportamiento aquí, sino reconociendo que debajo del grueso velo de confusión, miedo y rabia que pueden acarrear, hay alguien que tiene el mismo potencial para despertar a su propio corazón/mente que nosotros. Una contemplación que puede resultar útil es pensar en ellos como en niños pequeños. No conozco a ningún niño pequeño que ya haya endurecido su corazón ante el mundo o que esté explícitamente predispuesto contra un color, un credo o un tipo de ser humano en particular. Son inocentes y están abiertos a experimentar el mundo tal y como es. Esta misma apertura existe en la persona que podemos llamar «enemigo».

3. Ver las buenas cualidades en el otro

Si estamos muy atascados, un acto sencillo que podría ayudarnos a desatascarnos es contemplar alguna buena cualidad en alguien que percibimos con grandes defectos de carácter, aunque sea solo una. En la serie *Cómo conocí a vuestra madre*, hay un personaje llamado Artillery Arthur, un jefe especialmente brutal en el bufete de abogados donde trabaja uno de los protagonistas. Al no saber trabajar con su ira derivada de su vida personal, Artillery Arthur se ensaña como un cañón con sus subordinados. Pero, Arthur quiere mucho a su perro y en el momento en que se habla de él, deja de lado su ira y adopta un comportamiento casi de bebé.

Aunque Arthur es una versión extrema de lo que estoy hablando, la idea aquí es que todo el mundo tiene cualidades redimibles. Tu enemigo puede ser romántico con su pareja, amable con sus vecinos o dedicar su tiempo a entrenar a jóvenes de barrios deprimidos y marginales. En cada una de las tres experiencias de prácticas mencionadas en este capítulo, estoy recomendando que miremos directamente a esa persona el tiempo suficiente como para reconocer la totalidad de su humanidad, de modo que podamos despertar nuestro propio corazón obstinado.

Ya he hablado del peligro de cerrar nuestro corazón y de cómo puede llevarnos a envilecer a los demás, pero muchos de los problemas de nuestro mundo provienen de esta tendencia a desconectarse de la *bodhichitta*. Cuando endurecemos nuestro corazón ante ciertos tipos de personas, nace el tribalismo. Mi bando es el bueno, porque suscribimos estas creencias. Tu bando es el malo porque tus creencias son diferentes. Esto se traduce en luchas religiosas, estancamiento político, guerras raciales y mucho más. Grupos enteros de personas son etiquetados como «otros» y, a partir de ahí, todo lo que queremos hacer es cerrar nuestros corazones a cualquiera que sea como ellos. Esto provoca mucho dolor en nuestra sociedad.

Cuando tenía ocho años, una amiga de la familia, Sonya, me llevó a dar un paseo. Me preguntó cómo era el colegio y yo le respondí: «Bueno, los chicos odian a las chicas y las chicas odian a los chicos». Seguramente no era así: las chicas y los chicos se burlaban unos de otros y, al cabo de uno o dos años, esos mismos individuos que se odiaban acababan confesando estar enamorados entre sí. Sin embargo, durante el paseo, esta mujer me cogió por el hombro y me giró hacia ella. Me miró a los ojos y me dijo: «Odio es una palabra muy fuerte. Nunca deberías usarla».

Desde ese día, me he propuesto mirar de cerca esta palabra en particular. No albergo odio en mi corazón hacia nadie, pero conozco a personas que sí lo hacen, y es muy doloroso para ellas. Es una lente a través de la cual ven el mundo, oscureciendo su alegría y satisfacción. Cuando emociones como el miedo o la ira se solidifican en un patrón como el odio, los individuos pueden actuar de forma monstruosa y horrible, lo que a veces lleva a la muerte.

Por otro lado, me inspiran héroes como el congresista John Lewis, un activista de los derechos civiles que nunca sucumbió al odio, por mucho que le persiguieran. Mientras luchaba por los derechos de los afroamericanos, fue intimidado, atacado y maltratado. Una vez dijo:

> Nosotros, de vez en cuando, hablábamos de que si ves a alguien que te ataca, que te golpea, que te escupe, tienes que pensar que esa persona, hace años, era un niño inocente, un bebé inocente. ¿Y qué pasó? ¿Algo salió mal? ¿Lo hizo el entorno? ¿Alguien le enseñó a esa persona a odiar, a abusar de los demás? Así que intentas apelar a la bondad de cada ser humano. Y no te rindes. Nunca te rindes con nadie.[28]

Sería muy fácil para alguien que experimentó tanto daño endurecer su corazón y desestimar a los blancos por el dolor que padeció. En cambio, el congresista Lewis dijo: «No. Son personas. Yo soy una persona. Puedo encontrar un terreno común». Me conmueve que llegara a contemplar no solo las acciones que la persona estaba perpetuando en la actualidad, sino también cómo acabó allí. El hecho de que él y otras personas con las que trabajó se preguntaran por el dolor que habían experimentado sus agresores me parece un gran esfuerzo del corazón, pero como él lo hizo, sé que es posible que nosotros hagamos lo mismo.

Siguiendo los pasos de los grandes héroes, podemos apelar a la bondad innata de cada persona. Cada ser humano posee bondad fundamental, no solo tú y yo, lo que significa que aunque veamos a cierto tipo de personas haciendo cierto tipo de cosas con las que no estamos de acuerdo, podemos evitar el sufrimiento del tribalismo y ablandar nuestro corazón para reconocer su humanidad. El hecho de que sean diferentes a nosotros o actúen de forma confusa no significa que podamos renunciar a ellas. Nunca tenemos que renunciar a nadie.

Una experiencia profunda ocurre cuando nos damos cuenta de que aquellos que consideramos malos o villanos podrían beneficiarse de nuestra compasión. Transmuta la situación de «yo contra ti» a «todos lo hacemos lo mejor que podemos». Ahora que hemos estado trabajando para entrenar a la mente a reconocer y liberar sus cavilaciones ansiosas, podemos entrenar al corazón para incluir a aquellos seres que nos causan ansiedad. Podemos aplicar lo que se conoce como las Cuatro Inconmensurables, formas de ofrecer amor, para que nuestra *bodhichitta* fluya de formas que quizá nunca habíamos creído posibles.

14. Las Cuatro Inconmensurables

La palabra «amor» suele definirse como un sustantivo,
pero todos los teóricos más astutos del amor reconocen
que todos amaríamos mejor si la usáramos como un verbo.

bell hooks, *Todo sobre el amor*[29]

Aunque me doy cuenta de que las Cuatro Inconmensurables
pueden sonar como el nombre de una banda telonera de los
años setenta para Earth, Wind & Fire, en realidad son cuatro
formas en las que podemos manifestar el amor desde nuestro
corazón/mente abierto y despierto: nuestra *bodhichitta*. Cuando se trata de la ansiedad, siempre buscamos «hacer» algo al
respecto. Queremos arreglarla o dar con un plan para que
desaparezca. Mientras que en la primera sección del libro me
centré en la gestión de esas cavilaciones en la mente, ahora
nos centramos en el amor de corazón abierto como antídoto
para el estrés y la ansiedad y, concretamente, en ver el amor
como un verbo, como algo que podemos hacer.

Cuando dirigimos nuestra atención a nuestro corazón abierto y afectuoso, experimentamos lo vasto que es. Tan vasto que la ansiedad puede surgir y disolverse sobre su telón de fondo sin que tengamos que hacer mucho al respecto. Cuando nos centramos en el amor, esas cavilaciones estresantes se mueven a través de nosotros, como las nubes que se mueven por el cielo azul. Las nubes van y vienen, pero el cielo permanece. Lo mismo puede decirse de nuestra ansiedad, que surge y se disuelve con el tiempo, mientras que nuestra *bodhichitta* está siempre disponible para nosotros, esperando ser redescubierta.

En la tradición budista, este momento de despertar al amor se considera muy hermoso. El propio Buda habló de las *brahma-viharas*. *Vihara* puede traducirse del sánscrito como «morada» o a veces se ha traducido como «actitud», mientras que *brahma* puede traducirse como «divino» o «sublime». Generalmente, las *brahma-viharas* se conocen como las «cuatro inconmensurables» o «cuatro cualidades ilimitadas», aunque una traducción más directa podría ser las «actitudes sublimes». Son cuatro formas de ofrecer amor incondicional a nosotros mismos y a los demás, especialmente en medio de circunstancias estresantes.

Cuando vemos nuestro mundo a través de la lente de un corazón abierto, estas cuatro cualidades se manifiestan naturalmente como actividades que podemos realizar. Descubrimos que estamos menos atascados en la ansiedad del día y más disponibles para ayudar a las personas que nos rodean. En los próximos capítulos, exploraré estas cuatro cualidades en profundidad, empezando por *maitri*, la bondad benevolente. *Mai-

tri puede traducirse como «cordialidad» o «benevolencia», pero mi traducción favorita es «cordialidad benevolente». En esencia, estamos diciendo que la raíz del amor es la amistad. Es algo que hay que hacer, un verbo y no un sustantivo, como señala bell hooks al principio de este capítulo. Tenemos que aprender a actuar con cordialidad para con nosotros mismos y con los demás, a fin de que la ansiedad desaparezca y que nuestro amor fluya.

15. Dejar fluir el amor

> Mantener un corazón cariñoso,
> incluso durante la duración del chasquido de un dedo,
> le convierte a uno en un ser verdaderamente espiritual.
>
> SHARON SALZBERG,
> *Loving-Kindness: The Revolutionary Art of Happiness*[30]

En una historia que se remonta a la época del Buda, un grupo de monjes le pidió consejo sobre dónde debían meditar. Él utilizó sus poderes de sabiduría (así es como se suele hablar de él, ni siquiera estoy bromeando) y dijo: «¿Sabéis dónde deberíais ir? Hay un lugar en las estribaciones del Himalaya». Así que se pusieron en marcha para pasar unos cuatro meses durante la temporada de lluvias en lo que parecía ser un lugar ideal. Se dice que el terreno «parecía un reluciente cristal de cuarzo azul: estaba adornado con un bosque fresco, denso y verde y una extensión de tierra sembrada de arena...».[31] Se completaba con benefactores que les proporcionarían alimentos y les cuidarían: ¿qué más podían desear? La iluminación completa parecía garantizada. Cada uno de los monjes instaló su campamento para practicar bajo uno de los árboles.

Lo único que los monjes no tuvieron en cuenta fueron las deidades que vivían en los mencionados árboles. Estos seres (y puedes elegir creer que había seres o no, me sentiré cero por ciento ofendido si no lo haces) inicialmente se mostraron muy deferentes para con los monjes que estaban allí, pero cuando comprendieron que no se iban a ir, se dieron cuenta de que sus hogares habían sido invadidos.

Estas deidades arbóreas empezaron a gastar bromas a los monjes, produciendo horribles chillidos y creando olores realmente terribles hasta el punto de que los monjes estuvieron demasiado asustados para meditar y se marcharon. Los monjes volvieron a ver al Buda, quien, en su infinita sabiduría, escaneó toda la India con su mente y dijo: «No, en realidad el mejor lugar para que profundicéis en vuestra práctica es ese lugar que os da miedo». Los envió de vuelta a esta tierra con una enseñanza conocida como el *Karaniya Metta Sutta*, a veces llamado *Discurso sobre la benevolencia*.

En lugar de decirles a sus monjes que se enfrentaran a esas deidades arbóreas indígenas o que meditaran en otro lugar, el Buda les ofreció una valiosa enseñanza: id al lugar que os asusta y mantened vuestro maldito asiento. Si eres humilde, amable y deseas de verdad la felicidad y la tranquilidad de los demás, puedes utilizar estas circunstancias difíciles y que producen ansiedad como la ruta más rápida hacia tu propio despertar. En particular, quiero señalar esta frase de la enseñanza del Buda:

Igual que una madre protege con su vida
a su hijo, su único hijo,
así, con un corazón sin límites,
se debe cuidar de todos los seres vivos...[32]

El Buda no mandó a estos monjes a hacerse los simpáticos con los seres que les molestaban; les dijo que debían cuidarlos de la misma manera que una madre protegería a su único hijo. Vaya. A veces, la práctica de la benevolencia, por estar tan orientada al corazón, se considera «cosa de hippies», pero si nos fijamos en las palabras del Buda, es una práctica bastante intensa: se trata de amar a todos los seres con el mismo cuidado inflexible de una madre que protege a su único hijo.

¿Qué ocurrió cuando los monjes regresaron a esta tierra con el corazón abierto? Las deidades fueron ganadas por sus sentimientos cálidos y realmente dieron la bienvenida a los monjes de vuelta y los protegieron. Los dos bandos que se percibían como enemigos eran ahora aliados y se respetaban mutuamente gracias a la práctica transformadora de la benevolencia. Y, como prometió el Buda, estos monjes despertaron sus mentes y corazones de forma suprema y pudieron ayudar a muchos seres.

La moraleja de esta historia trasciende el hecho de creer o no en las deidades de los árboles. En estas historias, podemos pensar que los demonios y las deidades son seres reales o solo los desafíos que tenemos internamente. Todos tenemos demonios internos que pueden acabar chillando de forma horrible cuando nos sentamos a meditar, aunque los chillidos pueden sonar específicamente como: «¡Eres un perdedor y nadie te querrá nunca!», o: «¡Todo el mundo conoce tu vergüenza secreta!». La práctica de la benevolencia empieza por ofrecernos amor a nosotros mismos, incluidos nuestros demonios internos, y luego nos abre a ofrecer amor a los demás. Como se ilustra en la historia, la raíz del amor a uno mismo y a los demás es la cordialidad. Debes hacerte amigo de ti mismo antes de poder amar plena y genuinamente a otras personas.

De acuerdo... Pero ¿qué es la benevolencia y por qué me ayudará con mi ansiedad?

Antes de entrar en la práctica en sí, hablemos de por qué te ayudará a pasar de un lugar de ansiedad a uno de apertura y amor. Los maestros espirituales han enseñado la práctica de la benevolencia de diferentes maneras desde que el Buda pronunciara su sermón hace 2.600 años. El objetivo de la práctica, independientemente de quién la enseñe y cómo lo haga, es cultivar y residir en el amor que ya existe dentro de ti.

En inglés (mi lengua materna), la palabra *love* (amor) es complicada porque solo tengo una palabra para expresar lo que siento por la mujer con la que espero pasar el resto de mi vida y por los tacos: amo ambos. El sánscrito tiene noventa y seis palabras para el amor, el persa ochenta. Y aunque puedo seguir citando el excelente libro de bell hooks sobre el tema, *Todo sobre el amor*, diré que lo que pretendemos con la meditación de benevolencia es una experiencia sentida de amar de forma libre y dinámica. Al final de una sesión, es posible que todas las imágenes y frases aspiracionales desaparezcan y solo se experimente una sensación de apertura, amor y, ¡buuum!, eso es todo. Bonificación: ¿en este momento de completa apertura no hay ansiedad.

La forma en que muchos occidentales practican actualmente la benevolencia surgió en el siglo v. Un maestro budista Theravada de la India, conocido como Acariya Buddhaghosa, recibió el *Karaniya Metta Sutta* de los ancianos que lo recibieron de otros ancianos que a su vez lo recibieron de ancianos que se remontan a la época en que se ofrecieron originalmente las enseñanzas. A continuación, sistematizó estas enseñanzas del Buda en la práctica formal a la que ahora solemos referirnos como benevolencia.

A medida que la práctica formal de la benevolencia se trasladó de la India a nuevas tierras, la progresión de los pasos y los términos específicos utilizados han cambiado. Es un poco el juego del teléfono de toda la vida, pero el mensaje original es claro, basado en las palabras del Buda: ofrecemos una aspiración de bienestar para todo tipo de personas, incluidos nosotros mismos.

Realizaremos esta práctica juntos en el próximo capítulo, pero antes una pequeña advertencia: después de miles de años de gente haciendo esta práctica en todo el mundo, llega a nosotros en Occidente y somos nosotros los que decimos: «En rcalidad, esta práctica es muy dura». Tengo muchas teorías sobre nuestra cultura capitalista y cómo nos moldea para que siempre queramos ser mejores o más de lo que realmente somos, pero por ahora, solo diré: «Lo entiendo. Puede que no te hayan formado desde pequeño para amarte y aceptarte incondicionalmente». Aun así, te animo a que pruebes esta práctica empezando por una contemplación de ti mismo.

Como calentamiento, puedes realizar una práctica de benevolencia sobre la marcha mientras llevas a cabo tu jornada. Una de mis mentores, Sharon Salzberg, compartió una vez cómo puedes ofrecerte benevolencia a ti mismo como antídoto para la ansiedad. Empieza recitando: «Que no me pase nada. Que sea fuerte y esté sano. Que sea feliz. Que pueda vivir una vida llena de tranquilidad», antes de pasar a extender esos mismos deseos a las personas que quieres y al mundo en general. El proceso completo puede durar solo unos minutos. Escribió: «Cuando expresas esos deseos con sinceridad, cada elemento de la práctica es un alivio. Las frases canalizan la energía [de la ansiedad] en lugar de permitir que prolifere. Al hacerlo, vuelves a estar al mando y puedes sentir que el cuerpo se relaja a medida que el espacio que rodea a la ansiedad se abre y se libera».[33]

En la meditación formal de benevolencia, empezamos con nosotros mismos, pero luego contemplamos a las personas a las que nos resulta fácil abrir nuestro corazón. En algunas tradiciones, empezamos con un mentor o benefactor y luego pasamos a un amigo cercano. He estudiado con maestros que, sabiendo que puede que no tengas un benefactor que te pague el alojamiento y las comidas, agrupan a estos dos en «la persona que realmente te gusta». La secuencia posterior es bastante sencilla: contemplamos a alguien que no conocemos muy bien, una persona difícil, y luego tenemos la oportunidad de romper las barreras pensando en todos hasta el momento (tú, tu ser querido, la persona «no te conozco» y este imbécil) y entonces irradiamos amor a todos los seres.

Personas que nos gustan

Supongo que tienes algunas personas en tu vida que te gustan; este no es un concepto extraño. Son los miembros de tu familia, tus amigos, las personas con las que sales o tienes una relación de pareja a largo plazo, incluso los cachorros (sí, no tenemos que limitar la práctica de la benevolencia solo a las personas. Si tus familiares te incomodan, puedes contemplar al perro de la familia. Hace poco supe que mi propia esposa, que es la persona en la que suelo pensar en esta etapa, no me contempla a mí, sino a nuestro cachorro). La idea de, al principio de tu práctica, traer a la mente a alguien que te gusta mucho es porque es un buen calentamiento para tu corazón; es más fácil contemplar y ofrecer amor a tu abuela que siempre te daba de comer dulces que al imbécil del trabajo. Aunque mi lista anterior no es exhaustiva, estas son las personas de tu vida que te han mostrado verdadera bondad y apoyo en el pasado.

Personas que nos desagradan

En nuestra sociedad actual, es fácil saltar a las polaridades como que mi lado del pasillo político está formado por gente buena y que en el otro se agolpan los monstruos. Nos resulta difícil considerar la humanidad de estas personas a las que solemos convertir en villanos. Tal vez te desagrade mucho el presidente actual o sus asesores más cercanos, o tu representante local, o la última persona que decidió comprar un arma y usarla contra inocentes. Lo entiendo. Pero la práctica de la benevolencia nos pide que no descartemos a estas personas y que, en cambio, consideremos su humanidad.

Personas que no conocemos

Dependiendo de quién seas, es probable que tengas un pequeño grupo de personas que te gusten, y otro pequeño grupo de personas que te disgusten, pero luego hay un grupo gigantesco ahí fuera que podríamos etiquetar como: «¿Quién?». Son las personas que no conocemos: nuestros vecinos del pasillo o los refugiados que son arrancados de sus familiares en la frontera. Es la persona que se sentó a tu lado en el metro, el obrero de la construcción que hace todo ese maldito ruido, los supervivientes de un terremoto en un país en el que nunca has estado y una celebridad que aparece en la portada de una revista. Hay muchas de estas personas, todas ellas sufriendo de forma grande o pequeña. Podemos pasar de nuestro lugar actual de ansiedad a uno de apertura simplemente contemplando a alguien que nos gusta, que nos disgusta o que incluso no conocemos, y practicando la benevolencia hacia ellos.

Las frases

Cuando empecé a practicar en el sistema budista tibetano, me dieron alguna variación de la frase «Que disfrutes de la felicidad y te liberes del sufrimiento» para esta práctica. Tal vez te guste esta frase; si es así, úsala. A mí no me sonó.

Años más tarde, cuando empecé a estudiar con maestros budistas Theravada y de la Sociedad de Meditación Insight, oía frases como «Que seas feliz», «Que estés sano», «Que te sientas seguro» y «Que vivas con tranquilidad». Esas sí que daban en el clavo.

Otras variantes, como «Que te sientas en paz» o mi favorita: «Que te sientas amado», resuenan profundamente en mí. A decir verdad, no sé si esta última la escuché por primera vez de otro maestro o fue una aspiración que surgió de mi propia práctica, y eso está bien. Una vez más, no se trata de desear cosas concretas a la gente, como «Que te den un coche nuevo», sino de desear su bienestar y emanar amor hacia ellos. Cualquier frase que te parezca adecuada es buena para trabajar. Aquí tienes algunas más:

Que me sienta libre.

Que esté bien.

Que me inspire.

Que esté libre de miedo.

Que me despierte.

Que me sienta alegre.

Que me cure.

Que me libere.

Como puedes ver, se trata de desear una actitud de buena voluntad; podemos desearnos lo mejor a nosotros mismos y a otras personas, pero la advertencia es que la verdadera felicidad es algo que, en última instancia, cada uno de nosotros tendrá que descubrir por sí mismo. El simple hecho de desear que esa persona se sienta feliz no nos hace responsables de su felicidad.

Saber que no podemos responsabilizarnos de la felicidad de otras personas puede ser desgarrador. Recuerdo una vez que dirigí una práctica de benevolencia en una organización de ayuda a los sintechos. Una decena de jóvenes homosexuales de entre dieciséis y veintidós años se sentaron en un círculo y, cuando terminé de dirigir la práctica, uno de ellos levantó la mano: «No tengo ninguna pregunta –dijo–, pero paso mucho tiempo deseando sentirme seguro en los refugios». Continuaron explicando cómo se olvidan a veces de que muchos otros en la sala estaban haciendo lo mismo. Mientras charlaba con esta persona después, me dijo que esta práctica les hacía sentir que no estaban tan solos. Mantuve una cara de apoyo, pero en mi interior se me rompía el corazón por ellos. Hay muchas personas que tienen vidas diferentes a las que conocemos, pero no estamos solos cuando queremos estas cosas tan básicas.

Los beneficios

Los beneficios de la práctica de la benevolencia pueden ser ya evidentes: nos convertimos en individuos de corazón más abierto y vivimos una vida marcada por el amor, no por la ansiedad o el miedo. Este es el cambio más transformador que he experimentado. Sin embargo, hay una lista tradicional que el Buda ofreció en el *Discurso sobre los beneficios de la benevolencia* (*Metta Nisamsa Sutta*). Se dice que si haces esta práctica:

- *Dormirás y despertarás más fácilmente, además de tener sueños agradables.* Suena bien, ¿verdad?
- *La gente te querrá.* Como solía decir mi querida y ya difunta abuela: «¿Y por qué no?». ¿Por qué no iba a quererte la gente si estás cultivando amor activamente?
- *Los devas [seres espirituales] y los animales te amarán y los devas te protegerán.* Tal vez no te guste la idea de los seres invisibles, lo entiendo. Pero ¿quién no quiere ser la persona de la fiesta con la que el perro quiere pasar el rato?
- *Los peligros externos no te harán daño.* Aunque esta es una traducción precisa, por favor no te lances al tráfico.

- *Tu rostro estará radiante.* Piensa en el dinero que te ahorrarás en productos para el cuidado de la piel (bromeo).
- *Tu mente estará serena y morirás sin confusión, renaciendo en reinos felices.* Aquí tenemos el elemento más importante: interiorizamos la paz y la vivimos a lo largo de nuestra vida. Si crees en el renacimiento, esto también te asegura uno favorable y, si no crees en él, al menos habrás vivido una vida con sentido.[34]

En el próximo capítulo, te ofreceré la guía completa, paso a paso, de cómo practicar la benevolencia para que puedas empezar a despertar el corazón hacia las personas que te gustan, las que te disgustan y los muchos seres que aún no conoces.*

---

*   Puedes encontrar una grabación de esta meditación en lodrorinzler.com/anxiety.

16. Introducción a la meditación de benevolencia

Tal vez todo lo terrible sea, en su ser más profundo,
algo que necesita nuestro amor.

RAINER MARIA RILKE

Comienza adoptando la postura de meditación comentada durante la instrucción de *shamatha*: erguida, pero relajada. Tómate de tres a cinco minutos para asentar tu mente mediante la práctica de la atención a la respiración.

Ahora trae a la mente una imagen de ti mismo. Puede ser la última vez que te viste en el espejo, o con tu ropa favorita, o (si sospechas que te cuesta ofrecerte cordialidad a ti mismo) a ti cuando eras un niño pequeño, quizás con siete u ocho años. Conviértelo en algo casi visceral, casi como si estuvieras sentado frente a ti mismo. Deja que tu corazón se ablande. Manteniendo esta imagen en la mente, recita estas frases de aspiración, haciendo una pausa después de cada una para permitirte asimilarla:

Que sea feliz.

Que tenga salud.

Que me sienta seguro.

Que me sienta amado.

A lo largo del camino, puede surgir una sensación de lo que podría significar experimentar cualquiera de estas cosas; eso está muy bien. Simplemente reconócelo y continúa con la siguiente frase. Si surgen cavilaciones importantes como «Bueno, me sentiría seguro si mi jefe no fuera tan exigente», limítate a reconocer el pensamiento y pasa a la siguiente frase. Repite esta serie de frases tres veces. Deja que la imagen se disuelva. Respira.

A continuación trae a la mente una imagen de alguien a quien realmente quieras y admires. Puede ser un miembro de tu familia, una pareja romántica o incluso un amigo íntimo o un mentor. Haz que esta imagen sea también visceral, muy sentida: puedes pensar en su forma de peinarse, en su forma de sonreír o en su forma de vestir habitual. Una vez que esta imagen sea vívida, deja que tu corazón se ablande. Manteniendo esta imagen en la mente, recita estas frases de aspiración, haciendo una pausa después de cada una para dejar que se asiente:

Que seas feliz.

Que tengas salud.

Que te sientas seguro.

Que te sientas amado.

Si prefieres utilizar su nombre («Que Dave sea feliz» o «Que Nancy sea feliz»), no hay problema. Al igual que antes, pueden surgir ciertas nociones y no pasa nada; continúa con la práctica. Repite esta serie de frases tres veces. Deja que la imagen se disuelva. Respira.

A continuación trae a la mente una imagen de alguien que no conozcas muy bien. Tal vez sea alguien a quien veas durante tu desplazamiento matutino al trabajo o que viva en tu vecindario, o alguien que viste en las noticias. Piensa en el lugar donde lo has visto y en el aspecto que tenía ese día. Al igual que las personas que conocemos mucho mejor, esta persona merece estas cualidades básicas en su vida. Considera su humanidad por un momento y ofrece estas mismas aspiraciones para ella:

Que seas feliz.

Que tengas salud.

Que te sientas seguro.

Que te sientas amado.

Repite esta serie de frases tres veces. Deja que la imagen se disuelva. Respira.

Ahora trae a tu mente una imagen de alguien con quien estés pasando un mal momento. No se trata de la persona más difícil de tu vida en este momento, ni de nadie que te haya causado un profundo dolor, sino de alguien con quien estés discutido actualmente. Puede ser útil imaginar a esta persona sentada en una postura relajada, sonriendo (es decir, sin atacar). Aunque lo estemos pasando mal con esa persona en este momento, no podemos ignorar el hecho de que está sufriendo. De hecho, si no sufriera tanto, probablemente no estaríamos en conflicto con ella. Considera su humanidad por un momento y ofrece estas mismas aspiraciones en la medida de tus posibilidades:

Que seas feliz.

Que tengas salud.

Que te sientas seguro.

Que te sientas amado.

Repite este conjunto de frases tres veces. Permite que la imagen se disuelva. Respira.

A continuación lleva la atención hacia todos los seres que has contemplado hasta ahora: tú mismo, tu ser querido, la persona que no conoces muy bien y esa persona difícil. Pueden estar en el espacio o en una sala de estar imaginada, esto depende en gran medida de ti. En este punto, estamos disolviendo los límites de la opinión en torno a ellos. No es «me gustas» y «no me gustas» o «yo contra ti». Somos nosotros. Mientras tienes en mente a este grupo de seres, ofrece estas aspiraciones:

Que seamos felices.

Que estemos sanos.

Que nos sintamos seguros.

Que nos sintamos amados.

Repite este conjunto de frases tres veces. Deja que la imagen se disuelva. Respira.

Empieza a dejar que tu amor irradie por todos los poros de tu cuerpo. Contempla a las personas que viven en tu manzana o en tu ciudad o pueblo. Ofréceles estas frases. Amplía la mirada para contemplar a las personas que viven en tu provincia o región. Ofréceles estas frases. Tómate tu tiempo mientras sigues ampliando la intención hacia tu país y más allá. Recita la aspiración:

Que todos los seres sean felices.

Que todos los seres estén sanos.

Que todos los seres se sientan seguros.

Que todos los seres se sientan amados.

Deja que las palabras y las imágenes desaparezcan. Observa cómo te sientes: cualquier sensación de apertura, aprecio o amor. Lo que sea que estés experimentando está bien, solo date cuenta. Permítete permanecer allí.

17. Construir una sociedad compasiva

Prométeme que seré feliz.

<small>CHARLIE</small>

No te lo puedo prometer. Puedo prometerte que no estarás solo.

<small>NADIA, *Russian Doll*</small>

Cuando me encuentro perdido en la ansiedad, reflexiono sobre cómo se me ofrecen al mismo tiempo innumerables oportunidades para la compasión. Mientras escribo este capítulo, me bombardean los ruidos de la construcción en el exterior. El chirrido intermitente de la hoja de la sierra me golpea y mis hombros se disparan hasta las orejas cada vez en respuesta. Sin embargo, puedo elegir: podría enfadarme con estos seres que «arruinan» mi escaso tiempo de escritura o podría considerar que los hombres y mujeres de fuera solo están haciendo su trabajo, desarrollando así compasión por ellos.

Los trabajadores de la construcción tienen familias y personas a las que quieren y que les quieren, igual que yo. Tienen problemas económicos y a veces se preocupan por salir adelante, igual que yo. Sienten ansiedad y estrés laboral y todo tipo de cosas que quizá nunca conozca, pero puedo suponer que anhelan ser felices, estar sanos, seguros y ser amados, igual que yo. El simple hecho de contemplar a estas personas que no conozco necesariamente –quizás unos minutos aquí y allá– las humaniza y me lleva de un lugar de ansiedad a otro de compasión y una conexión más profunda con quienes me rodean.

La segunda de las Cuatro Inconmensurables, la compasión, consiste en abrir nuestro corazón ante el sufrimiento. Cuando te enfrentas a situaciones estresantes, es inmensamente útil llegar con el corazón y abrirse a una posibilidad más amplia de conexión. Digamos que estás caminando por el pasillo del trabajo, perdido en tu estrés a causa de los plazos de entrega. Pero has estado meditando, ¡así que te sorprendes a ti mismo haciéndolo! En este momento, podrías volver a tu ansiedad o puedes levantar la mirada y ver dónde podrías encontrar un momento de compasión.

Como si fuera una señal, aparece la compañera de trabajo de la que eres amigo, que claramente acaba de ser abroncada por su jefe. En lugar de perderte en tus pensamientos, le ofreces una frase de apoyo: «Que te liberes de tu dolor y tu pena» o «Que encuentres la paz», ya sea en tu mente o con un volumen justo por debajo de un susurro, para que solo tú puedas oírlo. En ese momento, te sientes conectado en lugar de agotado. Es sencillo, pero extraordinariamente eficaz. Por supuesto, no hace falta que vayas murmurando frases con aspiraciones en voz baja. Incluso el mero hecho de hacer una pausa lo bastante larga como para dejar que el sufrimiento de esta otra persona toque tu corazón te ayudará a dirigirte hacia una actividad más compasiva a largo plazo.

Si esto te parece bastante difícil, empecemos por ofrecernos compasión a nosotros mismos.

Compasión por ti mismo

Cuando meditas, te das cuenta de que está bien mirarte directamente a ti mismo, familiarizarte con lo que eres, y que lo que eres está bien en este momento. Y sí, a veces experimentas dolor o confusión cuando te miras directamente a ti mismo. No voy a negar eso. Sin embargo, como escribió una vez angel Kyodo williams Sensei: «Lo que ocurre con nuestro dolor y nuestro sufrimiento es que hasta que no se conoce y se ve por lo que es no va a ninguna parte».[35] Cuando nos inclinamos a mirar nuestro dolor, empezamos a sanar y a aceptar la totalidad de lo que somos. Una forma de hacer este trabajo proviene de Thich Nhat Hanh: podemos hacer una pausa durante nuestra meditación o cuando nos sintamos particularmente atascados en la ansiedad, y podemos decirnos: «Que aprenda a mirarme con los ojos de la comprensión y la compasión».[36]

El hecho de que te consideres un ser humano confuso no significa que tengas que arreglarlo. Solo necesitas mirarte con los ojos de la comprensión y la compasión. No necesitas nada externo para hacerte más amable. Eres intrínsecamente adorable. Tal y como eres. Solo necesitas descubrir esta simple verdad. Cuando nos agitamos mentalmente, podemos decir las palabras de Thich Nhat Hanh, que son una bonita forma de decir: «Te veo, querido amigo. Estás sufriendo». Podemos estar con nuestro sufrimiento sin la presión de tener que arreglarnos. Podemos saber que pasará y, mientras tanto, pasar el rato con él.

Cuanto más practiquemos la búsqueda del núcleo de lo que somos, de nuestra bondad fundamental, más cultivaremos la resiliencia y el ingenio para poder ofrecer compasión a los demás. Como dijo en una ocasión el Dalai Lama: «Si no tienes la capacidad de amarte a ti mismo, no hay ninguna base sobre la que construir un sentimiento de cuidado hacia los demás».[37]

Compasión por los demás

Al principio del capítulo, cito un momento conmovedor de la serie de Netflix *Russian Doll*. Uno de nuestros protagonistas, Charlie, a punto de saltar a la muerte, se encuentra en la cima de un edificio. Desesperado, se dirige a nuestra heroína, Nadia, y le exige: «Prométeme que seré feliz». Nadia responde con una honestidad brutal: «No puedo prometerte eso. Puedo prometerte que no estarás solo». La noción de compasión es que empezamos a vislumbrar la humanidad y el sufrimiento de los que nos rodean y nuestro corazón florece de forma natural, empatizando con su dolor. Puede que no seamos capaces de curar de repente sus dificultades, pero podemos acompañarles de corazón. Con tantos sentimientos de desesperación y soledad en estos días, dar testimonio del dolor del otro es un verdadero regalo de apoyo.

A lo largo de este libro, he utilizado un término particular: la práctica de la meditación. Cuando utilizo el término «práctica de meditación», estoy reconociendo exactamente eso: cuando te sientas y sintonizas con un sentido de presencia y bondad, estás practicando para ofrecer atención y compasión en el resto de tu vida. Thich Nhat Hanh dijo una vez: «Para amar a alguien, tienes que estar a su lado al cien por cien. El mantra "Estoy aquí para ti" dice que me preocupo por ti, que disfruto de tu presencia. Ayuda a la otra persona a sentirse apoyada y feliz».

Cuando estás presente y abierto al sufrimiento de otra persona, no solo surge la compasión, sino también los medios hábiles. Gracias a tu práctica constante de la atención plena, estás lo suficientemente en contacto con la realidad como para ver la mejor manera de ayudar a las personas que te rodean.

Cuando tenía veinte años, fundé una organización sin ánimo de lucro llamada Institute for Compassionate Leadership (Instituto para el Liderazgo Compasivo), que reunía los principios de la meditación, las habilidades de organización de la comunidad y los conocimientos prácticos de liderazgo para ofrecer una formación de seis meses a tiempo parcial que significaba producir más líderes conscientes y de corazón abierto en el mundo que nos rodea.[39]

El principio fundador era bastante sencillo: cualquiera puede ser un líder. Un líder no es necesariamente «el jefe» o «el sostén de la familia», sino que puede ser cualquiera que, cuando se le pide que dé un paso adelante en el momento presente y sirva, lo haga. Este concepto implica que puedes servir como líder cada vez que pases por unas escaleras y veas a una mujer tratando de subir a su hijo y su cochecito. En ese momento te ofreces a ayudarle a subir las escaleras. Significa que puedes servir como líder cuando un colega tiene dificultades para cumplir un plazo de entrega y te pones a su lado para asegurarte de que todo se haga. Puede ser como si vieras a alguien tirar la basura a la calle y agarrases su bolsa y te deshicieras de ella adecuadamente.

Ninguno de los ejemplos que acabo de dar sobre el liderazgo es especialmente sexy. Nadie va a darte un aumento de sueldo ni a escribir sobre tus buenas cualidades en *The New York Times* sobre ello. Pero, en ese momento, te estás mostrando de una manera que empuja a nuestra sociedad en la dirección adecuada, sirviendo así como el líder que este mundo necesita.

Mi definición de liderazgo compasivo incluye a cualquier persona que dé un paso al frente en una situación determinada, siempre que le mueva la aspiración de beneficiar a las personas con las que trabaja. Como nos estamos formando para estar más presentes, podemos ver lo que otras personas necesitan de nosotros. No estamos forzando nuestra idea fija de cómo ser útiles a otras personas a las que compadecemos. Estamos apareciendo junto a ellas, hombro con hombro, y preguntando: «¿Cómo puedo ayudarte?». De esta manera, llegamos al liderazgo desde un lugar de empatía, sabiendo cómo otras personas están sufriendo en formas básicas similares a las nuestras, reconociendo nuestra experiencia y humanidad compartidas.

Compasión por la sociedad

En el momento de escribir esto, hay un miedo y un pánico increíbles a nivel mundial. Un virus está arrasando el mundo y está provocando un gran número de muertes, tenemos economías volátiles, varios estados de emergencia, y los medios de comunicación no dejan de idear nuevas formas de resaltar la violencia y el malestar de esta epidemia. Hace tres meses, la principal preocupación de muchas personas que conozco era la gran división política en Estados Unidos y los recurrentes y profundos desastres ecológicos. Dentro de tres meses, ¿quién sabe?

Si recuerdas los capítulos anteriores, la sociedad puede aparecer a menudo como una gran cosa «ahí fuera», pero la estamos cocreando constantemente con la gente que nos rodea.

El creciente nivel de miedo y ansiedad que existe a nivel social comienza con personas como tú y yo que trabajan (o no trabajan) con sus propias mentes.

Existe un término sánscrito, *bodhisattva*. Como sabes, *bodhi* puede traducirse como «abierto» o «despierto», mientras que *sattva* puede ser «ser» o «guerrero». En este caso, el término guerrero no es alguien que sale a luchar contra otras personas, sino que es una persona que está dispuesta a entrar en guerra con su propia neurosis para despertar en beneficio de los que le rodean.

Todo el mundo debería esforzarse por ser *bodhisattva*, guerrero de la compasión de corazón abierto. Como dijo una vez Pema Chödrön: «El mundo necesita personas formadas así: políticos *bodhisattvas*, policías *bodhisattvas*, padres *bodhisattvas*, conductores de autobús *bodhisattvas*, *bodhisattvas* en el banco y en la tienda de comestibles. Se nos necesita en todos los niveles de la sociedad. Se nos necesita para transformar nuestras mentes y acciones por el bien de otras personas y por el futuro del mundo».[40]

Te estoy haciendo una gran petición cuando propongo ablandar tu corazón para incluir el dolor y el sufrimiento del mundo que te rodea. Cuando me desanimo sobre cuál es la mejor manera de aparecer y ayudar a la sociedad, pienso en otra cosa que supuestamente dijo Chögyam Trungpa Rinpoche cuando le preguntaron sobre la compleja noción del karma: «Todo está predeterminado […] hasta ahora». En otras palabras, tenemos la forma habitual, a veces negativa, en que siempre hemos hecho las cosas y esto alimenta la forma habitual en que la sociedad ha avanzado hasta este punto, que nos ha llevado a donde estamos ahora.

Entonces, tenemos el ahora. Ahora, en este momento, tienes una opción. Puedes pasar desapercibido y ensimismarte, seguir perpetuando los viejos hábitos en torno a la ansiedad y esperar que de alguna manera el mundo se arregle solo (no lo hará). O bien puedes probar algo nuevo. En este momento, ahora mismo, puedes mostrarte compasivo con las personas de tu vida, en tus pequeñas sociedades, y ver cómo hacerlo puede cambiar la dinámica de esas comunidades. Cuanto más alimentes tu propia atención y compasión en esas sociedades –ya sea tu sociedad laboral, tu familia, tus relaciones, tu gimnasio, cualquier cosa en realidad–, más se extenderán esos principios de forma natural y afectarán a la sociedad en general.

Tengo que reconocer que el líder compasivo no actúa solo. Puede pedir apoyo a los demás. Puedes involucrar a las personas de tu vida, incluyendo a las que te gustan, a las que no, e incluso a las que (todavía) no conoces, en un diálogo compasivo, invitándolas a conversar, en especial los tipos de conversaciones que normalmente no tienes. Si necesitas su apoyo, pídelo. Si te piden apoyo, lo ofreces en la medida de tus posibilidades.

La belleza de haber iniciado una práctica de meditación es que puedes apreciar la potencia del ahora. Ahora, en el momento presente, todo es posible. Puedes presentarte ante quien sea que esté frente a ti y aplicar tu atención plena para ver realmente cómo ser beneficioso. Sí, hay una gran incertidumbre ahí fuera, pero sabes que esto no te da derecho a dar la espalda a los demás; puedes reconocer la bondad fundamental de todas las personas con las que te encuentres y ofrecer un corazón abierto, sin apego.

18. Cambiarse uno mismo por los demás

Hay un lugar en el que dar y recibir amor se vuelve indistinguible, donde tú, yo y nosotros nos mezclamos. Ese lugar se alcanza cuando dejas de imaginar que el amor es un sentimiento y empiezas a pensar en él como un gesto o una forma de sostener tu mente.

SUSAN PIVER, *Las cuatro nobles verdades del amor*[41]

Otra herramienta que podemos añadir a nuestro cinturón de herramientas para trabajar con la ansiedad es la práctica del *tonglen*. *Tonglen* es una palabra tibetana que puede traducirse como «enviar y recibir». En el *tonglen*, aprendemos a considerar a otras personas y lo que pueden estar pasando. Al inspirar, inspiramos las cosas que creemos que son dolorosas o incómodas para los demás y espiramos, enviando hacia esas personas cualidades agradables y tranquilizadoras. Si eres padre, esta es una práctica que puedes hacer cuando estés ansioso por tu hijo. Si estás en una relación y tu ser querido está sufriendo, esta es una práctica que puedes realizar en lugar de preocuparte por él. Muchas son las oportunidades existentes para que nos dediquemos a esta hermosa práctica, haciéndonos pasar de un lugar en el que nos centramos únicamente en nuestro dolor a otro en el que abrimos nuestros corazones a los que nos rodean.

Comenzamos con nuestros propios sentimientos de sufrimiento, luego consideramos a alguien que conocemos, una relación interpersonal y, al final, terminamos haciendo nuestra práctica lo suficientemente amplia como para incluir a todos los seres que están pasando por lo que estén pasando a nivel social.*

Comienza practicando *shamatha* durante cinco o diez minutos. Después levanta la mirada. Relaja tu mente unos momentos. Deja que haya un vacío sin objeto para tu atención. Simplemente descansa.

A continuación pasa a experimentar no solo tu respiración, sino también a permitir que varias texturas recorran cada una de sus ondas. Al inspirar, imagina que estás inhalando aire caliente y pesado. Al espirar, imagina que espiras aire fresco y ligero. Continúa con esta pauta, inspirando la pesadez y espirando la ligereza, hasta que te resulte familiar. La pesadez puede parecer una sensación de sufrimiento; la ligereza, una sensación de bienestar.

Puedes incluso ampliar esta práctica, imaginando que respiras por todos los poros de tu cuerpo. Al inspirar, el aire pe-

---

* Puedes encontrar una grabación de esta meditación en lodrorinzler.com/anxiety.

sado y caliente entra por todos los poros. Al espirar, el frescor sale de todos los poros.

Después de haber trabajado con la experiencia de la textura en esta práctica durante unos minutos, trae a la mente a un ser querido que esté pasando por un mal momento. Mientras te lo imaginas, puedes figurarte la ropa que lleva normalmente o los detalles de su rostro para hacerlo más vívido.

Al inspirar, imagina que respiras su dolor. Por ejemplo, si tienes un amigo que padece cáncer, puedes entender cómo se sienten de débiles, claustrofóbicos o enfadados estos enfermos. Imagina que respiras esas sensaciones. Por supuesto, no estás absorbiendo literalmente la enfermedad o la angustia de nadie. Esto es una visualización. Pero estás empatizando con su experiencia.

Al espirar, envía con la respiración una sensación de calma, fuerza, alivio o amplitud a esta persona. Cualquier consuelo que puedas ofrecer en este momento, ofrécelo al espirar. Dentro: su miedo, confusión, dolor. Fuera: alegría, felicidad, seguridad.

Después de unos minutos de esto, vamos más allá, extendiendo la práctica más allá de una sola persona. Trae a la mente a todas las personas que están pasando por este tipo de sufrimiento. Si se trata de una persona transgénero que se siente sola o asustada, puedes considerar a todas las personas transgénero que puedan sentirse así, y luego a todos los seres que estén experimentando soledad y miedo. Si se trata de alguien que ha perdido recientemente a un ser querido y está experimentando dolor o ansiedad, puedes considerar a todos los que puedan haber perdido a un ser querido y se sientan de forma similar. Amplía tu sensación de tranquilidad y valentía a todos ellos. Aquí, puedes hacer que esta práctica se irradie a lo largo y ancho para que todos los seres que están ahí fuera sientan una sensación de confort como resultado.

Para terminar, vuelve a *shamatha* durante unos minutos. Vuelve a conectarte con tu cuerpo a través de tu concentración en la respiración, dejando que te devuelva a la terrenalidad del momento presente.

19. El cultivo de la alegría cordial

Nosotros creamos la mayor parte de nuestro sufrimiento,
así que debería ser lógico que también
tengamos la capacidad de crear más alegría.

Su Santidad el Dalai Lama[42]

¿Quieres sentirte un perdedor? Compárate con los demás.

Al menos, esto es lo que me dijeron a mí al principio como estudiante de budismo. En mi caso, el maestro en cuestión trataba de decirme que, si me sentaba a meditar y me comparaba con lo que creía que experimentaban otras personas, entonces estaría muy equivocado y creería que estaba fracasando. De hecho, lo que yo creía que era un grupo de personas descansando pacíficamente en la naturaleza de sus propias mentes era en realidad un grupo de personas inquietas y ansiosas con un torrente de pensamientos corriendo por sus cabezas, igual que yo. Saber que todos luchamos de alguna manera con la práctica (y en la vida) me ayudó a no sentirme tan mal por mi experiencia.

Este consejo sobre la comparación de la mente puede aplicarse a cualquier cosa. Con demasiada frecuencia, cuando nos comparamos con los demás, nos centramos menos en lo que tenemos y nos fijamos solo en las cosas que no tenemos, lo que nos lleva a una ansiedad autoinducida.

Por ejemplo, tu carrera podría ir bien, pero diriges tu atención a cómo todo el mundo que conoces parece tener una relación feliz en este momento. Un minuto después, te estresas pensando que nunca te casarás. O estás felizmente casado, pero cuando visitas a tus amigos, te desanimas porque tienen una casa más bonita que la tuya y pasas el tiempo con ellos pensando en que tus finanzas no están donde quieres que estén. O tienes una situación de vida cómoda, pero ves las fotos de Facebook de tu amigo en la playa y de repente te da por pensar que trabajas más de la cuenta y que te tomas menos tiempo para ti que casi cualquier otra persona que conozcas. En el momento en que empiezas a centrarte únicamente en lo que no tienes es cuando caes en una espiral de estrés y desesperación que parece no tener fin.

La mente comparadora puede hacer descarrilar tu apertura de corazón. Thich Nhat Hanh emplea la analogía de echar un puñado de sal en un vaso de agua. Si lo hacemos, se vuelve imbebible. Si echamos un puñado de sal en un río, la gente puede seguir bebiéndolo y disfrutándolo. Esto se debe a que el río es inmenso. Del mismo modo, dice: «Cuando nuestros corazones son pequeños, nuestra comprensión y compasión son limitadas, y sufrimos […]. Pero cuando nuestros corazones se expanden, estas mismas cosas ya no nos hacen sufrir».[43]

Para que nuestro corazón sea tan vasto como un río, podemos cultivar la tercera forma de amor, *mudita*. *Mudita* es otra palabra sánscrita que suele traducirse como «alegría cordial» o «alegría altruista». Si la compasión es abrir nuestro corazón ante el sufrimiento que vemos en los demás, *mudita* es abrir nuestro corazón ante su felicidad. Cuando nos atascamos en nuestros propios patrones de pensamiento negativos, podemos practicar la alegría comprensiva, pasando de centrarnos en nuestros fracasos a una forma de amor que reconozca y se regocije en la alegría de las personas que nos rodean.

Meditación para aumentar la alegría comprensiva

Si te descubres siendo una víctima de la mente comparadora, deja de hacer lo que estás haciendo. Entra en tu cuerpo. Inspira profundamente tres veces por la nariz y luego espira por la boca. Nota el peso de tu cuerpo en la tierra que tienes debajo. Pasa a experimentar el ciclo natural de tu respiración.

A continuación, levanta la mirada. Si estás en un espacio con otras personas, mira a tu alrededor y reconócelas, independientemente de que las conozcas o no. Si estás solo, trae a la mente a varias personas de tu vida: a las que quieres, a las que no conoces muy bien y, si quieres, incluso a las que te resultan difíciles. Ahora comprueba si puedes alegrarte de la felicidad de otra persona.

En este momento, puede que no sea aconsejable dirigir tu atención a la persona de la que sueles tener celos. Tal vez, en cambio, sea una pareja mayor sentada de la mano cerca de ti en el metro o niños pequeños jugando en la calle o, si realmente te cuesta comparar la mente y esas dos cosas te recuerdan que tal vez nunca conozcas a alguien o tengas hijos, mira si puedes fijarte o traer a la mente un cachorro y notar lo feliz que es. Simplemente tómate unos minutos para notar la alegría de los que te rodean.

Si quieres, también puedes recordar a las personas de tu vida –amigos, familiares, seres queridos– que tienen cosas que celebrar, como un nuevo trabajo o un bebé. En cualquiera de estos casos, puedes expresar la aspiración «Que su felicidad y su buena suerte continúen» o «Que su felicidad no disminuya».

Cuando estés preparado, vuelve a relacionarte con otras personas. Puedes iniciar conversaciones con tus conocidos o llamarlos y preguntarles por sus buenas noticias recientes, celebrando y magnificando su éxito. En este caso, buscamos formas de alegrarnos de la felicidad de los demás, aunque se trate de los detalles más pequeños de su vida. Cuando lo hacemos, acabamos experimentando nosotros mismos la alegría, y ellos se sienten apoyados y queridos.

Cuanto más celebremos el éxito de los demás, más nos inspiraremos para ver nuestros propios éxitos bajo una nueva luz. En lugar de anhelar ansiosamente conocer a un mítico príncipe azul, disfrutamos del hecho de poder hacer el trabajo que hacemos. En lugar de sentirnos celosos porque no tenemos una casa digna de Pinterest, celebramos a nuestra pareja, sabiendo que el hogar es donde está el corazón. En lugar de sentirnos frustrados y estresados por lo mucho que trabajamos, aprendemos a disfrutar de nuestro tiempo libre con los amigos y la familia. En general, cuanto más magnifiquemos y nos regocijemos en la alegría de los demás mientras celebramos las pequeñas cosas de nuestra propia vida, más probable será que veamos la felicidad en el mundo y sonriamos, sabiendo que todos los que nos rodean son –de nuevo– como yo.

20. Lo que todos queremos: ecuanimidad

No podemos tener una sociedad iluminada
ni un mundo sano y pacífico
si los individuos que lo componen
están atrapados en una mente pequeña y rígida.

PEMA CHÖDRÖN, *Welcoming the Unwelcome*[44]

Como escribió Sharon Salzberg: «La ecuanimidad dota a la benevolencia, la compasión y la alegría cordial de su sentido de la paciencia, esa capacidad de ser constante y de aguantar, aunque el amor, la simpatía o el regocijo no sean correspondidos, incluso a través de todos sus altibajos».[45] Cuando digo la palabra ecuanimidad puedes pensar: «Sí, por favor». La palabra sánscrita *upeksha* se traduce comúnmente como «ecuanimidad», pero no se trata solo de sentirse ecuánime, es un poco más amplia que esa definición. De hecho, prefiero la traducción de Thich Nhat Hanh, que es «inclusividad». La inclusividad significa que podemos abrir nuestro corazón de par en par y abrazar a todos los que encontramos como destinatarios de nuestro amor. Una vez dijo sobre este tema: «Cuando amas a una persona, es una oportunidad para amar a todos, a todos los seres».[46]

A veces, cuando me siento abrumado por mi propia ansiedad, me gusta ir a dar un paseo. No soy un gran excursionista, aunque entiendo el atractivo. A menudo me limito a caminar por mi barrio, por la noche cuando no hay mucha gente, y lo convierto en una práctica de ecuanimidad. La práctica es bastante sencilla: cuando me encuentro con personas, dejo de lado las historias sobre mis propios problemas y simplemente les sonrío, abriéndoles mi corazón.

Al hacerlo, puedo encontrarme con alguien amistoso que está paseando a su perro y mi impulso es caerle bien. Puede que vea a alguien hablando en voz alta por su teléfono móvil y me resulte desagradable (pero sonriendo de todos modos). Puede que esté rodeado de gente que no conozco. Pero el objetivo de la práctica es trascender la tendencia de «me gusta/ me disgusta/ignoro» porque todos ellos son inherentemente dignos de mi amor.

Su Santidad el 17° Karmapa, Ogyen Trinley Dorje, es el líder del linaje Kagyu del budismo tibetano. Una vez dijo:

Quiero compartir con vosotros un sentimiento que tengo. Siento que mi amor no tiene que permanecer dentro de las limitaciones de mi propia vida o cuerpo. Imagino que cuando ya no esté en el mundo mi amor podrá seguir estando presente. Quiero depositar mi amor en la luna y dejar que la luna sostenga mi amor. Que la luna sea la guardiana de mi amor, ofreciéndolo a todo el mundo al igual que la luna envía su luz para abrazar toda la tierra.[47]

Esta vasta forma de amor puede parecerte una locura. Sin embargo, gran parte de nuestro sufrimiento interno nace de la creencia de que hay personas que deberían gustarnos y otras que no. Las primeras solo deberían colmarnos de alabanzas y amor y las segundas están siempre esperando en una emboscada para asaltarnos. Esto no es así. Todo el mundo sufre. Todos lo hacemos lo mejor que podemos. Todos poseemos la bondad fundamental y todos tenemos momentos en los que actuamos desde un estado de confusión. Para dar un paso y ayudar al mundo que nos rodea, tenemos que pasar de una mente pequeña y fija (como dice Pema Chödrön al principio de este capítulo) a una mente que incluya a todos.

Cuando te encuentras con personas que actúan desde un estado de confusión, tu tendencia habitual puede ser cerrar el corazón y contarte muchas historias sobre que son malas personas, llenándote la mente de ansiedad. Es difícil luchar contra esa tendencia y abrirles tu corazón. Cuando te encuentres perdido en esas historias, haz una pausa. Respira.

Siente tu cuerpo: explora lentamente cualquier tensión que mantengas, empezando por la base de los pies y subiendo por la parte superior del cráneo, relajando los músculos tensos por el camino.

Tómate un rato para experimentar la respiración de tu cuerpo.

Ahora lleva la atención de la mente a alguien con quien estés pasando por un mal momento. Imagínatelo sentado en una postura relajada, es decir, sin atacar. Observa cualquier tendencia a cerrar tu corazón y comprueba si puedes permanecer abierto a su presencia. Ofrécele una frase de aspiración de bienestar. Puedes utilizar una de las que mencioné en la sección de benevolencia, pero algunas frases comunes para la práctica de la ecuanimidad son:

> Te deseo la felicidad, pero no puedo tomar tus decisiones por ti.
> Cuidaré de ti, pero no puedo evitar que sufras.
> Que todos aceptemos las cosas como son.

Si una de estas frases te resuena, repítela lentamente tres veces, haciendo una pausa entre cada recitación para que las palabras aterricen en tu ser. Cuando estés preparado, vuelve a respirar profundamente y vuelve a empezar el día.

Cuando hacemos este tipo de práctica, nos damos cuenta de que no podemos controlar a los demás. Pueden seguir sufriendo y seguir arremetiendo contra los que les rodean porque están sufriendo. Lo único que podemos hacer es aspirar a que despierten su propia mente y su corazón para que se den cuenta de que son felices. Podemos ser abiertos y pacientes con ellos en todos sus altibajos.

La ecuanimidad tiene algo muy hermoso. Cuando pienso en la ecuanimidad, la imagen en la que suelo reflexionar es la de una montaña. Cuando los fuertes vientos golpean una montaña, la montaña permanece inalterable. Sin embargo, si estos fuertes vientos se encuentran con una flor marchita, pueden arrancarla del suelo y arrastrarla sin control. Cuando los fuertes vientos de la vida se cruzan en tu camino, ¿prefieres ser la montaña o la flor?

Cuando te sientas a meditar, emulas a la montaña. Tienes la base fuerte, que tu cuerpo arraiga en el suelo. Luego te elevas por la columna vertebral y tu cabeza es la cima. Sean cuales sean los pensamientos que surjan en tu práctica, permaneces impasible; los reconoces y vuelves a la respiración. A medida que continúas con *shamatha* y las Cuatro Prácticas Inconmensurables, estás aprendiendo a ser como una montaña. Estás aprendiendo a cultivar la paciencia para soportar los buenos y los malos momentos que la vida te depara, permaneciendo estable, con los pies en la tierra y fuerte.

Las Cuatro Inconmensurables –benevolencia, compasión, cordialidad y ecuanimidad– nos muestran cómo, incluso cuando la gente nos estresa o nos perdemos en nuestra ansiedad, tenemos una opción: podemos volvernos hacia adentro y perdernos en nuestros patrones negativos o podemos levantar la mirada y ver cómo podemos ofrecer amor, viendo nuestro camino a través de la situación estresante desde un lugar de claridad. La elección es nuestra, y la opción del amor se hace más fácil cuanto más veces la elegimos.

Parte III

De la ansiedad
a la actividad compasiva

21. Nada (incluida la ansiedad) es tan real como creemos

Considerar todos los *dharmas* como sueños.

ATISHA DIPAMKARA SHRIJÑANA[48]

Hasta ahora, es posible que pensaras: «Vale, meditaré para ayudarme con mi ansiedad. Esto de la *bodhichitta* es interesante y quizá también pruebe lo de la benevolencia». Pero entonces llegas a este capítulo y quizás dejas el libro durante una semana. ¿Qué tiene que ver «Considerar todos los *dharmas* como sueños» con tu ansiedad? Buena pregunta. En resumen, todo. A partir de las enseñanzas sobre el amor de la sección anterior, añadiremos la salsa especial budista: las enseñanzas sobre la vacuidad.

Empecemos en el siglo XI. Atisha Dipamkara Shrijñana fue un increíble maestro de la escuela Kadampa del budismo tibetano. Se le atribuye la sistematización de lo que se conoce como *lojong*. *Lo* se puede traducir del tibetano como «mente» y *jong* como «formación». En otras palabras, tomó la esencia del budismo y la hizo accesible para la gente condensando las enseñanzas en cincuenta y nueve máximas concisas de formación mental. Antes de Atisha, la comunidad monástica guardaba este conjunto de enseñanzas en secreto, pero él vio lo relevantes que eran para los practicantes laicos y las puso a disposición del mundo en general.

En esta sección, examinaremos diez de las máximas y las relacionaremos con la forma en que podemos entender las cosas tal como son y, como resultado, dejar de lado la ansiedad y pasar a un lugar de libertad y apertura de corazón. Las máximas abordan dos conceptos clave: la *bodhichitta* absoluta y la relativa. «Absoluta» es un término que nos invita a mirar la propia naturaleza de la realidad, viendo a través de nuestra confusión y situándonos en un estado abierto y relajado (de ahí la libertad). La *bodhichitta* «relativa» es la experiencia de trasladar esta perspectiva a nuestra actividad cotidiana de forma compasiva y solidaria (de ahí la apertura de corazón).

Volviendo a lo anterior, ¿qué significa «Considerar todos los *dharmas* como sueños»? *Dharma*, cuando es singular, puede referirse a las enseñanzas del Buda, pero cuando es plural, se refiere a todos los fenómenos. Así que Atisha nos pide que consideremos todo lo que encontramos en el mundo que nos rodea con la misma ligereza con la que consideraríamos un sueño. Está señalando que nos tomamos a nosotros mismos y a nuestro mundo muy en serio, y que no tenemos por qué hacerlo. Es la jerga del siglo XI para decir «deja de hacer caso a esa mierda», pero con un giro.

El giro de ver nuestro mundo como un sueño está relacionado con las enseñanzas budistas sobre la vacuidad. En la primera sección de este libro, exploré el vacío del yo: cómo nuestro ego nos impide relajarnos con las cosas tal y como son. Aquí vemos cómo no solo somos nosotros, sino que todo lo demás también está vacío de naturaleza sólida, permanente y constante.

No somos tan sólidos y fijos como podríamos sospechar. La ciencia ha demostrado que todo nuestro cuerpo sufre un proceso en el que cada célula muere y es reemplazada en un período de siete años. Eso significa que este cuerpo que consideramos como una cosa continua… ¡se renueva constantemente!

No es solo nuestro cuerpo; también las emociones y pensamientos son efímeros y siempre cambiantes. Si te preguntara por lo que te angustiaba hace un año, probablemente no podrías concretarme los detalles porque esa historia y la agitación emocional relacionada a la que te aferrabas tan fuertemente han cambiado con el tiempo. Cuanto más nos miramos a nosotros mismos, más nos damos cuenta de cómo cada aspecto de lo que creemos ser está vacío de naturaleza permanente y fija. Incluso nuestra ansiedad –ese albatros que tenemos alrededor del cuello– no es tan sólida y real como creemos.

Después de haber considerado el vacío del yo, ahora podemos observar el vacío del otro. Todo lo que nos rodea carece de un estado de ser fijo y permanente, al igual que nosotros.

Cuando observamos las circunstancias de nuestra vida, es imposible fijar una cosa y decir: «Esta parte nunca cambia». Esto se debe a que todo fluye. Las estaciones cambian. Nuestros seres queridos envejecen. Incluso nuestras posesiones más preciadas cristalizan y se deshacen con el tiempo. Si todo carece de una naturaleza duradera y permanente, entonces, argumenta Atisha, ¿no deberíamos tratar nuestro mundo como algo más efímero y fluido, sin tomarlo tan en serio?

Esta es una bonita idea, pero también es algo que podemos experimentar en nuestra práctica de meditación. Como escribió una vez Pema Chödrön: «Puedes experimentar esta cualidad abierta y no fija en la meditación sentada; todo lo que surge en tu mente –el amor al odio y todo lo demás– no es sólido. Aunque la experiencia puede ser muy vívida, es solo un producto de tu mente. Nada sólido sucede en realidad.[49] Cuando consideramos que nuestras emociones fuertes e intensas (incluyendo el miedo, la ansiedad o la preocupación) son solo productos de nuestra mente, nos damos cuenta de que podemos relajarnos respecto a las mismas.

La ansiedad y otras partes atascadas de nosotros mismos pueden ser confrontadas dándonos cuenta de que no son tan sólidas y reales como podríamos sospechar (están vacías de naturaleza permanente), y esto nos libera para poder ser muy amables con nosotros mismos y con los demás (ofreciendo nuestra *bodhichitta*).

Cuando nos hacemos conscientes de esta perspectiva, las emociones fuertes e intensas se vuelven menos temibles. Vie-

nen a llamar a tu puerta y las ves como lo que son. No corres
y te escondes en la otra habitación. En lugar de eso, dices:
«¡Vaya, otra vez tú!», y les invitas a entrar a tomar el té. Puede que la ansiedad y el miedo no sean tus invitados favoritos,
pero al menos puedes tener sentido del humor sobre la frecuencia con la que aparecen, sabiendo que, una vez que hayan
terminado de tomar el té, seguirán su alegre camino.

Este punto de vista, la forma en que consideras cualquier
cosa que encuentres –incluidos tus desencadenantes estresantes, tus estresores– como algo onírico, como algo no tan permanente ni sólido, señala un cambio fundamental en la forma
en que sueles operar. En lugar de aferrarte al miedo, a la ansiedad o a cualquier emoción que llame a la puerta, sintoniza
con la realidad tal y como es en el momento presente y relájate en ella. Confía en que tus emociones irán y vendrán.
Pueden moverse a través de ti. No tienes que luchar ni apegarte demasiado a ellas, sino que sabes que son efímeras y te
relajas en el momento presente.

22. La compasión en un incendio de contenedores

Cuando el mundo está lleno de maldad,
transforma todos los percances en el camino de la *bodhi*.

ATISHA DIPAMKARA SHRIJÑANA

A veces parece que el mundo esté en llamas y no haya nada que podamos hacer al respecto. Cuando las cosas se desmoronan en tu vida personal, o tus relaciones son caóticas, o recibes sin parar alertas de noticias sobre la calamidad global actual, suele ser el momento en el que quieres apagar tu corazón y tu mente, meterte en la cama y esconderte. Lo entiendo. De verdad que sí.

Entonces llega nuestro amigo Atisha, sugiriendo que, por alguna razón, este es *el* momento para que despiertes tu corazón y tu mente, considerando lo que está en llamas como parte de tu camino espiritual. Te susurra al oído nuestra siguiente máxima: «Cuando el mundo esté lleno de maldad, transforma todos los percances en el camino de la *bodhi*». Para recapitular, *bodhi* puede traducirse como abierto o despierto, por lo que Atisha está ofreciendo el punto de vista muy avanzado de que cualquier cosa que encontremos mal en el mundo puede transmutarse en combustible para despertar compasivamente a la realidad tal y como es.

La forma en que esto funciona es que no nos limitamos a reaccionar ante lo que percibimos como malo. Como he mencionado antes, estoy escribiendo este capítulo durante lo que imagino que será una época histórica: la pandemia de coronavirus de 2020. Hubo un momento interesante cuando, después de que muchos países decretaran el confinamiento, varios estudiantes universitarios decidieron mantener sus planes de vacaciones de primavera en Florida. Salió a la luz un vídeo viral en el que estos jóvenes (Dios mío, ya estoy viejo, usando ese término) hablaban con los periodistas sobre cómo no iban a dejar que esta pandemia arruinara sus vacaciones.

¡Oh, ¡cuánta mala uva! Nunca había visto a internet tan unido para atacar a un grupo determinado. Algunas personas incluso calificaron a estos fiesteros de «malvados». La opinión fijada era que todos los demás se estaban sacrificando enormemente para evitar una mayor propagación del virus y que estos chicos lo estaban propagando potencialmente por todas partes. Cuando pensamos en la política, hay un número de personas en un lado del pasillo y muchas en el otro, y es algo cercano a 50/50. En este caso, teníamos a un grupo de universitarios ingenuos tratando de divertirse y el 99,9% del mundo dijo: «¿Cómo coño os atrevéis?».

La enseñanza fundamental que se ofrece en este caso es la de soltar el estrecho control que tenemos sobre que esto es «bueno», «malo», «a mi favor» o «en contra de mí» y ver las cosas como realmente son. Hay gente asustada, preocupada por su salud y la de sus seres queridos. Hay estudiantes universitarios confundidos, preocupados por perderse la vida. La verdad con mayúsculas es que todo el mundo aquí está sufriendo de alguna manera. Aferrarse a la noción del bien contra el mal solo nos causará más sufrimiento.

Cuando has etiquetado a un individuo o a un grupo como «malo», vale la pena que consideres que tu opinión fija probablemente esté bloqueando tu propia vigilia innata. Thich Nhat Hanh ofrece la práctica de preguntar «¿Estás seguro?» para ayudarnos a alejarnos de un punto de vista atascado y dirigirnos hacia uno de comprensión más profunda. Cuando algo aparentemente malo aparezca en tu vida y surjan cuentos en torno a por qué están todos equivocados y tú tienes razón, pregúntate: «¿Estás seguro?». ¿Estás seguro de que esa persona va a por ti? ¿Estás seguro de que el fracaso de ese proyecto supone el fin de tu carrera? ¿Estás seguro de que ese texto significa que tu pareja ya no te quiere?

Cuando te pones a indagar con cuidado en tu experiencia, puedes aflojar el control que ejercen sobre ti la ansiedad y el miedo y, en ese momento, volver a relajarte en el presente. Puedes acudir a tu respiración, tu vieja amiga, y permitirle que te ancle en el aquí y ahora. Al preguntarte «¿Estás seguro?», dejas de lado las etiquetas fijas que te mantienen separado de ti mismo y de los demás.

Esta consigna en particular se enmarca en una sección de la obra de Atisha que se centra en la paciencia. Especialmente si somos propensos a la ansiedad, a menudo pensamos en la paciencia como una especie de situación de sonreír y aguantar: si esperamos lo suficiente y no nos asustamos, nuestras circunstancias cambiarán. Es cierto, pero la noción budista de la paciencia es un poco más amplia que esta definición. La paciencia no consiste solo en esperar hasta conseguir lo que uno quiere. Es relacionarse plenamente con una situación, incluso si es dolorosa o te asusta.

La noción budista de la paciencia proviene de no perderse en esas expectativas fijas. Puedes dejar de lado tus ideas de cómo deberían ser las cosas y abrirte al flujo de cómo sucederán. Puedes pensar en la paciencia como un acto de apertura a lo que venga, así que no es tanto un asunto de «esperar y ver», sino más bien un proceso de «estar con» tu experiencia.

La paciencia es fácil de practicar cuando sabes que algo va a suceder en algún momento; es un recurso mucho más difícil cuando no sabes qué va a pasar. Durante las primeras semanas de la pandemia mundial, la mayoría de mis alumnos de meditación se dirigieron a mí, asumiendo que poseía un conocimiento infinito de virología, y me preguntaron: «¿Cuándo cree que las cosas volverán a la normalidad?». Mi respuesta, una y otra vez era: «No lo sabemos». A continuación, señalaba que en lugar de gastar toda nuestra energía mental en estar ansiosos por lo que podía pasar, quizá debíamos aprender a sentirnos cómodos con la idea de no saber. Cuando tu vida personal o el mundo en general parecen estar llenos de desencadenantes del mal, puedes sentirte sin fundamento y asustado. Es posible que llenes tu cabeza con un montón de historias sobre «¿Qué pasaría si…?» y asustarte. Pero no sabes lo que va a pasar. En lugar de enfrentarte a la falta de base con un montón de cavilaciones sobre lo que podría salir mal, se te invita a conectar con la base y abrirte al momento presente.

En lugar de perderte en el «¿qué pasaría si…?», se te invita a entrar en el «ahora mismo». Cuando eres capaz de entrar en este momento, tienes más posibilidades de ver las situaciones con claridad, y de responder de una manera que esté en consonancia con lo que realmente está sucediendo, en lugar de vivir basándote en tus nociones sesgadas de cómo deberían ser las cosas.

Incluso puedes escribir las palabras «¿Estás seguro?» en una nota adhesiva y pegarla en la pared para recordarte a ti mismo que debes reflexionar sobre si lo aparentemente malo que está ocurriendo es justo lo que crees que es, o si puedes abrirte a nuevas posibilidades y responder desde un lugar de apertura.

Cuando respondemos a lo que solemos percibir como «malo» desde un lugar de *bodhi*, estamos despertando a la vida tal y como es. No como deseamos que sea, sino *como es*. En el budismo, nos esforzamos constantemente por comprender lo que ocurre en nuestra propia mente y en el mundo que nos rodea. Recordar esta máxima nos ayuda a ser inquisitivos y a cambiar nuestra visión de la fatalidad y la pesadumbre por la de la posibilidad. Esta máxima nos invita a considerar todo lo que ocurre como parte de nuestro camino espiritual.

Un último apunte sobre esta máxima: cuando no endurecemos nuestros corazones contra el mal percibido en el mundo, estamos cultivando la esperanza de un mañana mejor. A veces puede ser difícil tener esperanza. Vivimos en un mundo tan ansioso y estresado, con tanta desigualdad, que incluso mencionar esta palabra «esperanza» puede hacer que pongas los ojos en blanco. Lo entiendo; es difícil no sentirse abrumado por el caos y la injusticia en el mundo que nos rodea.

Sharon Salzberg dijo una vez: «La esperanza a menudo se refiere a cómo queremos que sea el mundo. Como si la vida fuera perfecta si solo pudieras conseguir esa cosa, persona o experiencia. O si el mundo fuera mejor de esta o aquella manera […]. Es posible llegar a perderse a causa de este anhelo, que no hace más que aumentar la separación con respecto al mundo tal cual es».[50] El consejo de Atisha es que cuando las cosas vengan mal dadas no levantes muros entre tú y el mundo, deseando que las cosas sean de otra manera. Apóyate en tu experiencia y mantén los pies en la tierra y la presencia ante lo que surja, sin apegarte a un resultado concreto.

Ya te has enfrentado a la adversidad. Has visto momentos en los que las cosas se ponían caóticas y pesadas y todavía estás aquí. Hay esperanza porque sabes que eres fuerte y que, habiendo capeado tormentas anteriores, puedes capear esta.

Desarrollar paciencia puede que no resuelva la multitud de problemas del mundo, pero te permitirá permanecer lo bastante abierto y presente como para determinar hábilmente cómo ayudar a mover la aguja en la dirección correcta. Lo que percibas como malo o maligno seguirá formando parte de la vida, pero puedes enfrentarte a ello con la *bodhichitta* y ver cómo salir adelante. Esto es una esperanza basada en la realidad.

23. Incluso tu ex merece tu gratitud

Ser agradecido con todo el mundo.

ATISHA DIPAMKARA SHRIJÑANA

En la primera sección de este libro exploré cómo las prácticas de gratitud pueden hacernos pasar de un lugar en el que nos centramos únicamente en nuestra ansiedad a un lugar de apertura, dándonos cuenta de la abundancia que tenemos delante de nuestras narices. A menudo, cuando trabajo con las enseñanzas de la gratitud, logro que mi atención deje de centrarse en mi sufrimiento o en lo que no tengo y yo pueda poner mi energía mental en experimentar el agradecimiento, celebrando lo que sí tengo.

En la siguiente y contundente máxima, Atisha nos pide que llevemos nuestra práctica de la gratitud un paso más allá, instruyéndonos a estar agradecidos no solo por las personas de nuestra vida que nos agradan, sino por todos los seres. De hecho, algunos maestros traducen este lema como: «Contemplar la gran bondad de todos».

Sin embargo, «todo el mundo» es pedir mucho. Todo el mundo incluye a tu ex, al compañero de trabajo que te cae mal, a ese político que crees que está arruinando la Tierra, a todo el mundo. Se nos pide que miremos directamente a algunos de los seres que pueden causarnos estrés y ansiedad y que encontremos algún aspecto de ellos que podamos apreciar, cambiando nuestra estrecha perspectiva por una mucho más amplia.

Tradicionalmente, esta máxima, «Ser agradecido con todo el mundo», se refiere a que podríamos considerar a las personas difíciles de nuestra vida como dignas de nuestra gratitud porque nos están ayudando a madurar espiritualmente. El maestro budista tibetano Traleg Rinpoche dijo una vez: «Solo somos maduros espiritual y psicológicamente cuando nos ponen a prueba».[51] Cada vez que encontramos un obstáculo en la relación con las personas difíciles de nuestra vida y lo superamos, nos volvemos mucho más compasivos y resistentes. Sin la persona difícil no habríamos evolucionado de esa manera, y por ello debemos estarle agradecidos.

Al ver el título de este capítulo, puede que pienses: «No, Lodro. Mi ex es un pedazo de escoria sucia y tramposa y nunca le estaré agradecida». Si bien es posible que tu ex no tuviera la intención de mostrarte amabilidad cuando intentaba acostarse con tu mejor amiga, estamos mirando la situación a través de una nueva lente como una forma de disminuir el estrés que la rodea y llevarnos a un lugar de satisfacción. En términos más sencillos, si abandonamos el fantasma del resentimiento, experimentamos alivio. Para llegar ahí, puede que tengamos que considerar lo bueno que surge de lo que consideramos «lo malo».

Otra forma de considerar la gratitud por los imbéciles de tu vida es contemplar su gran sufrimiento. Todo el mundo sufre de alguna manera. Algunas personas no pueden sentarse con su dolor y, como resultado, actúan de manera que causan un gran daño a los demás. Yo lo he hecho en el pasado. ¿Te ha ocurrido a ti? Imagino que es una posibilidad. Incluso reconocerlo nos ayuda a despertar nuestro corazón para sentir empatía por estas personas que están tan claramente heridas y que crean dolor a otros como resultado de su sufrimiento. Como escribió una vez Pema Chödrön: «Si aprendemos a abrir nuestro corazón, cualquiera, incluso la gente que nos vuelve locos, puede ser nuestro maestro».

Práctica de gratitud: segunda ronda

Para aprovechar el trabajo anterior que hicimos para pasar de la ansiedad a la gratitud, prueba esta práctica al final de una sesión de *shamatha* o incluso cuando te acuestes por la noche. Tómate unos minutos para descansar con el ciclo natural de la respiración. A continuación, contempla las siguientes preguntas, dejando que las respuestas que surjan te inunden como una ola:

¿Hay alguien en mi vida por quien me sienta agradecido hoy?

¿Hay algo que haya hecho hoy por lo que me sienta agradecido?

¿Ha habido alguien con quien haya pasado un mal rato hoy?

¿Hay algo en ellos por lo que pueda estar agradecido?

¿Hay algo de mí mismo por lo que pueda estar agradecido?

Añadir este paso de contemplar a alguien con quien lo pasamos mal es llevar nuestra práctica de la compasión al siguiente nivel. Pasamos de centrarnos solo en nosotros mismos y en nuestra ansiedad a contemplar las formas en que incluso las personas más difíciles pueden enseñarnos cosas nuevas sobre nosotros mismos. Estamos reformulando nuestra ansiedad para que deje de ser un problema y se convierta en una oportunidad para crecer espiritualmente. Puede resultar un poco incómodo al principio añadir este paso a la práctica de la gratitud. Es como ir al gimnasio, hacer ejercicio y superar un poco nuestro nivel normal de comodidad; experimentamos algo de dolor pero, al final, nuestros músculos crecen. Al contemplar la gran bondad incluso de las personas difíciles de nuestra vida, también estamos permitiendo que el corazón crezca mucho más fuerte.

24. Utiliza lo inesperado con la meditación

Utiliza lo inesperado con la meditación

ATISHA DIPAMKARA SHRIJÑANA

Reconozcámoslo: los seres humanos buscamos la comodidad. De hecho, según los textos budistas clásicos, toda nuestra existencia humana se define por el deseo de buscar solo cosas placenteras y evitar desesperadamente las dolorosas. A menudo esto significa que buscamos factores externos para determinar nuestra felicidad, ya sea una oportunidad de trabajo, una nueva perspectiva romántica o formar una familia. Creemos que, si consiguiéramos esa cosa, entonces, por fin, seríamos felices.

Dato curioso: siempre va a haber algo nuevo por ahí. Gastamos mucha energía mental pensando: «Cuando consiga este nuevo estatus» o «esta nueva relación» o «este nuevo nivel de riqueza», entonces todo estará bien. Una de las dos consecuencias es que no conseguimos el nuevo estatus/relación/riqueza, y como resultado nos sentimos muy mal con nosotros mismos, o lo conseguimos y entonces queremos otra cosa.

Hay un breve verso en un canto budista que me persigue, porque señala cómo muchos de nosotros estamos «siempre buscando otro ahora». La mayoría de nosotros no hemos entrenado la mente para estar presentes con lo que está sucediendo, ya sea una experiencia subjetivamente buena o mala, así que nos desentendemos mentalmente y soñamos despiertos con otro momento en el tiempo, otro «ahora» del que podríamos formar parte.

Sin embargo, en algún momento, la vida exige nuestra atención. Como señala Atisha, algo cambia en nuestra experiencia diaria y nos vemos abocados a un lugar de incertidumbre. Tal vez el nuevo trabajo fracasa, o le dices algo a la persona con la que sales y de repente se vuelve muy distante, o el alquiler se dispara y ya no puedes pagar tu casa. Cuando nos siegan la hierba bajo los pies, en lugar de dar vueltas a nuestras historias de «¿qué pasaría si...?» sobre cosas que pueden o no pasar en el futuro, Atisha nos invita a enraizarnos en nuestra práctica de meditación y a enraizarnos en medio de la situación infundada.

En lugar de luchar contra la incertidumbre y las diversas formas en que el cambio y la impermanencia pueden engancharnos, podemos unirla a nuestro camino espiritual. Este concepto me recuerda los versos de un poema del maestro budista tibetano Chögyam Trungpa Rinpoche: «En el jardín de la suave cordura/que te bombardeen los cocos de la vigilia».[52]

Rompiendo un poco esas dos líneas, uno va por la vida cotidiana y las cosas son suaves y sanas y, de repente, pum: un coco te golpea en la parte superior de la cabeza. No una bellota, con un ligero golpe que simplemente sería molesto, sino un coco que, si te cayera en la cabeza, te haría caer de rodillas.

Estos «momentos coco» son aquellos en los que surge lo inesperado en tu vida. Por ejemplo, tu amante te rechaza, o un miembro de tu familia fallece, o pierdes tu trabajo. Tu corazón se rompe y te sientes derrotado. Estos son los momentos en los que estás completamente perdido y no sabes qué hacer a continuación. Sin embargo, dentro de este tiempo de cambio repentino, se te da una hermosa oportunidad.

¿Qué harías si te ocurriera algo así? Tienes dos opciones: 1) Puedes acurrucarte en el dolor. Puedes esperar que el cambio y la incertidumbre se marchen y se metan con otra persona. Según mi experiencia, esto no es especialmente eficaz. 2) Aprovechas este momento como una oportunidad para despertar. Te enfrentas a tu miedo, ansiedad y dolor de frente. Lo miras directamente el tiempo suficiente para darte cuenta de que tienes la capacidad de superarlo.

Es probable que hayas sufrido mucha incertidumbre en el pasado y que sigas aquí, así que sabes que puedes ser lo bastante resistente y fuerte como para salir adelante.

Aunque me estoy centrando en la incertidumbre, el mismo consejo se puede ofrecer para cualquier trastorno emocional fuerte. Si intentas esconderte, no tendrás éxito. Cuanto más luches contra el dolor, más tiempo acabarás revolcándote en él. En cambio, puedes sumergirte en tu confusión y experimentarla plenamente, dejando que te arrastre como una ola, y ver si sales del otro lado revitalizado.

Cuando unimos nuestra meditación y nuestra práctica espiritual con lo inesperado, somos capaces de cabalgar las olas de nuestra vida. Como siempre habrá situaciones inesperadas y que produzcan ansiedad en nuestra vida, nos decimos: «¿Puedo entrenarme en permanecer presente y estar ahí ante ellas?». Esto es mucho más inteligente que intentar esconderse.

¿Podemos utilizar cada circunstancia de nuestra vida como una forma de despertar? En algún momento de nuestra práctica meditativa nos damos cuenta de que, claro, es muy útil a la hora de cambiar nuestra relación con el estrés y eso es genial, pero solo es el primer paso en el viaje espiritual.

Partiendo de la sección anterior sobre la *bodhichitta*, tenemos que adoptar una visión a largo plazo y decir que tenemos toda una vida de formación en la incertidumbre por delante, así que será mejor que abramos nuestros corazones lo suficiente como para dar cabida a la falta de fundamento que surja.

En el idioma tibetano, hay una palabra para «guerrero» que es *pawo*. Una traducción más directa sería «alguien que es valiente». La valentía, en este caso, no se refiere a alguien que sale a propagar la agresión. Este tipo de «guerrero» no es el típico belicoso que lucha contra otros. En cambio, este término se refiere a alguien que es lo bastante valiente como para luchar contra su propia neurosis y sus fuertes patrones habituales. Pawo es alguien que aborda con valentía su ansiedad y, en medio de los momentos de incertidumbre, se relaciona plenamente con su experiencia presente, saliendo del otro lado como una persona más amable y compasiva. Seamos guerreros con el corazón abierto.

25. Aprender
a confiar en uno mismo

Hace poco, una alumna de meditación, a la que llamaremos Kristin, le contó a su padre que había pedido un ascenso en el trabajo. «¿Por qué has hecho eso?», le respondió su padre, «Estás atrayendo demasiada atención sobre ti. Ahora te van a despedir». Kristin se quedó cabizbaja. Esperaba, en el mejor de los casos, que la apoyaran y, en el peor, un poco de entusiasmo, pero su padre había dado en el clavo con su peor temor y la había sumido en una espiral de incertidumbre y ansiedad.

Afortunadamente, Kristin lleva un tiempo meditando y se dio cuenta de que podía verse a sí misma dando credibilidad a los relatos dañinos y pudo volver a la realidad. Cuando fue capaz de residir en el momento presente, me dijo, se dio cuenta de que la historia que flotaba en su cabeza ni siquiera era suya; era de su padre: «Tuvo muchas experiencias negativas en el trabajo, siempre sintió que lo maltrataban, y estaba proyectando su experiencia en mí», dijo. Kristin pudo estar lo suficientemente presente y consciente como para darse cuenta de que no necesitaba asumir las historias de ansiedad de su familia.

En cuanto a las historias de éxito de la meditación, creo que esta es una gran victoria. También tiene que ver con el lema «De los dos testigos, toma al principal». En este caso, decimos que hay opiniones de otras personas sobre lo que te ocurre, y luego está la tuya propia. ¿Cuál crees que es un testigo más fiable de la verdad de una situación? ¿La persona que tiene un montón de ideas fijas sobre ti o tú, que estás en tu propia compañía 24/7/365? ¿Preferirías confiar en la idea que tiene alguien de lo ocurrido o en la verdad de tu propia experiencia? Confiar en el «testigo principal» se refiere aquí a confiar en tu propia comprensión y entendimiento.

Este es un lema importante porque muchos de nosotros nos dejamos llevar por la duda. Hacemos una presentación en el trabajo y pensamos: «Parece que ha ido bien», pero luego, cuando nos dirigimos a algunos colegas y les preguntamos qué piensan, nuestro corazón se hunde, al ver que se encogen de hombros mientras miran su teléfono. Dejamos que su opinión sobre el asunto sustituya nuestra reacción visceral inicial. Confiamos en la opinión de otras personas más que en nuestro propio instinto.

En el caso de Kristin, su padre nunca había ido a su lugar de trabajo ni había visto lo competente que era allí. Cuando se enfrentó a la opinión fija de su padre, tuvo la oportunidad de tomar una decisión: podía confiar en sus propios sentimientos sobre el ascenso o podía dejarse llevar por las ideas de otra persona. Afortunadamente, eligió lo primero.

Recuerdo cuando salió mi primer libro, *El Buda entra en un bar.* Era joven por aquel entonces –tenía veinte años– y, como la mayoría de la gente de veintitantos, seguía descubriendo de qué iba todo esto (ahora también, pero menos). Estaba orgulloso del libro, pero me sentía profundamente inseguro. Así que no es de extrañar que cuando la gente arremetió contra mí o contra mi libro me sintiera realmente herido.

Recuerdo que un crítico despiadado descalificó todo el proyecto, diciendo que no sabía de lo que estaba hablando y que utilizaba un término sánscrito que en realidad era tibetano (por cierto, estas son las críticas que uno recibe como escritor budista). Se lo envié a mi editor, claramente molesto, y él señaló que yo tenía razón y que el crítico estaba equivocado. En ningún momento antes había pensado en confiar en mi propio conocimiento y experiencia. Me di cuenta de que tenía que analizar la rapidez con la que me dejaba influir por la opinión de un desconocido.

Con los años, he aprendido a trabajar con las proyecciones de los lectores. Algunas personas pueden mirar solo el título del libro y escribirme un correo electrónico diciendo: «¡Cómo te atreves a hablar de meditación y bebida!», mientras que otras pueden escribirme y decir: «Eres el mejor maestro vivo». Ambas son las proyecciones de esas personas. En lo que respecta a mi comprensión del budismo, he crecido a lo largo de los años para confiar en que soy el principal testigo. Conozco mis puntos fuertes y mis defectos. Sé dónde fallo en el trabajo cuando se trata de mindfulness y compasión y sé dónde soy fuerte en integridad.

Este es un beneficio sutil pero hermoso de profundizar en la meditación: aprendemos a confiar más en nosotros mismos. La práctica de esta consigna consiste en ser fieles a quienes realmente somos. Tú eres la única persona que se conoce por completo. Pasas más tiempo contigo mismo que el que podría pasar cualquier otra persona. Así que ¿por qué ibas a confiar en la opinión de otra persona sobre ti por encima de la tuya?

Ahora bien, por supuesto, si alguien se acerca a ti y te da su opinión, vale la pena escucharla. Por ejemplo, un amigo te lleva aparte después de una cena y te dice: «Oye, no sé si lo sabes, pero a veces tus cotilleos son difíciles de manejar». Un comentario así puede pillarte por sorpresa, pero puede valer la pena analizar su afirmación, sentarse con ella y ver si hay algo de verdad en la misma.

Thich Nhat Hanh ha ofrecido una frase que podemos recordar cuando recibimos un elogio o una censura: «Tienes parte de razón». Si alguien dice que una charla que di fue horrible, puedo admitir que tiene parte de razón. A veces tropiezo y digo algo equivocado. Y si dicen que fue mágica e increíblemente fiel a su experiencia, lucho con la retroalimentación, pero puedo decir que tienen parte de razón; cuando estoy en mi mejor momento puedo enseñar lo que me enseñaron originalmente y la gente puede ser ayudada de la manera en que yo lo he sido en el pasado.

Esta máxima no dice: «Eres perfecto. No hace falta retroalimentación». De hecho, el maestro zen Suzuki Roshi miró una vez a su grupo de estudiantes de meditación y dijo: «Cada uno de vosotros es perfecto tal y como es […] y podéis mejorar un poco». En otras palabras, eres básicamente bueno y puedes confiar en tu bondad. Eres innatamente íntegro, completo y perfecto, pero puede que necesites examinar algunos de los oscurecimientos que te impiden llegar a ese estado, como esa ansiedad persistente en el fondo de tu mente.

Sabes cuáles son tus defectos y cuándo dejas de practicar mindfulness y compasión. Sabes cuándo la ansiedad secuestra tu experiencia y te aleja de lo que realmente eres. Otras personas pueden ofrecer sus ideas subjetivas sobre ti, pero tú eres el único que sabe lo que ocurre con seguridad. Cuando nos llega la retroalimentación, la alineamos con nuestra sabiduría inherente y vemos si hay algo de verdad en ella. Somos los testigos de la situación en quienes debemos confiar.

26. Tal vez no deberías vomitar tu ansiedad sobre los demás

No hables de miembros dañados.

ATISHA DIPAMKARA SHRIJÑANA

Me gustaría empezar este capítulo pidiendo disculpas a todos los amigos que alguna vez han tenido que oírme hablar de una ruptura. Recuerdo una tarde de mis veinte años en la que una novia que iba y venía rompió conmigo por millonésima vez y llamé a mi amigo Brett, que salió del trabajo un poco antes y quedó conmigo en un bar, donde yo ya estaba ocupado ahogando mis penas.

La historia que le conté sobre mi desesperación, preocupado por si íbamos a reconciliarnos, no era diferente de las que le contaba sobre cualquier otra ruptura, y coincidía completamente con todas las que estaba acostumbrado a escuchar cuando se trataba de esta mujer en particular. Sin embargo, se limitó a concederme un espacio, ofreciéndome un hombro reconfortante en el que llorar. Solo años después, cuando le saqué el tema, bromeó: «Sí, qué palizas me dabas...».

Cuando estamos heridos, es una reacción muy humana vomitar nuestro dolor sobre las otras personas que nos rodean. Tal vez nos apoyamos mucho en los amigos cuando nos encontramos con tensiones en nuestras relaciones románticas. Tal vez, en cambio, jugamos al juego de «¿Y si?» con nuestro cónyuge, que se sienta pacientemente en el sofá mientras nosotros entramos en una espiral de interminables escenarios sobre nuestros problemas financieros. Tal vez nos quejamos sin cesar a nuestro hermano de nuestros padres y de las formas en que nos estresan. En cualquiera de estos casos, estamos dejando que nuestra ansiedad y confusión salgan de la mente y se filtren en nuestro discurso, creyendo quizá en la remota posibilidad de que hablar más sobre el tema pueda resolverlo de alguna manera.

Pero no es así como funciona la ansiedad. Nuestro cerebro, como dispositivo de resolución de problemas que es, quiere arreglar lo que nos estresa, incluso si se trata de una situación irresoluble. Por muchos cuentos que nos contemos –internamente a nosotros mismos o vomitados en voz alta a nuestros seres queridos–, no podremos saber si volveremos a estar con esa persona, cuándo podrían cambiar las cosas económicamente o cuándo cambiará el comportamiento de los miembros de nuestra familia. El hecho de que nos pateemos las mismas historias una o tres veces en bucle no afecta al futuro. A menudo, cuando utilizamos nuestro discurso para perpetuar nuestra ansiedad, hacemos que las historias que nos contamos se multipliquen y acabemos sintiéndonos peor.

Una máxima particular de la formación mental de Atisha relacionada con nuestro discurso es: «No hables de miembros heridos». Imagino que su formulación surgió como respuesta al sistema médico en el siglo XI. No creo que fuera especialmente sofisticado, así que cuando te encontrabas con alguien que había tenido un accidente podías notar que había perdido parte de uno de sus miembros. Atisha sabía que probablemente no debías sacarlo como tema de conversación. «Hola, amigo. ¿Cómo perdiste la mano?» resultaría, en el mejor de los casos, incómodo.

En general, esta máxima nos anima a no insistir ni hablar de lo que percibimos como defectos de los demás. Estos defectos pueden ser físicos, pero a menudo son mentales o emocionales. Por ejemplo, si tu amigo con ansiedad está enloquecido por el estado del mundo, no debes burlarte de él diciendo que no tiene los pies en la tierra o que se está comportando como un loco. No es útil para ellos y, como Atisha sigue implorando que hagamos, deberíamos intentar ser útiles en todo momento. Debemos recordar que los demás lo están haciendo lo mejor que pueden, y trabajar con ellos desde esta perspectiva, en lugar de centrarnos en sus defectos.

A menudo, cuando nos centramos mucho en los defectos de los demás, es señal de que no nos sentimos cómodos en nuestra propia piel. En lugar de analizar nuestra propia ansiedad o nuestras preocupaciones, nos dedicamos a desprestigiar a los otros, inflando nuestro ego con la esperanza de sentirnos superiores a los ellos.

Si alguna vez has identificado a un trol de internet, sabes exactamente de lo que estoy hablando. Es esa clase de energía en la que, pase lo que pase, el discurso negativo fluye. Alguien podría donar la totalidad de su cuenta bancaria a la caridad y un trol encontraría alguna forma de intentar destrozarlo verbalmente. Esto no se debe a que su víctima sea una persona horrible, sino a que no pueden lidiar con lo que está ocurriendo en su propia mente y vida.

Por otra parte, cuando nuestra ansiedad sale de la mente y se traslada a nuestra forma de hablar, puede manifestarse en forma de cotilleo. En lugar de relacionarnos con nuestros propios problemas, decidimos contar historias potencialmente falsas sobre otros como medio de distracción: «¿Te has enterado de lo de Nancy? Ha pillado a su marido en la cama con otra mujer y ahora se va a divorciar». Este acto es un clásico escenario de miembro herido que deberíamos evitar. ¿A quién beneficia que le cuentes a la gente los asuntos de Nancy? A nadie. Lo que Atisha nos pide aquí es que nos comprometamos a analizar nuestra forma de hablar y a utilizarla para beneficiarnos a nosotros mismos y a los demás, en lugar de quejarnos o de tratar de hundir a otras personas.

Todos tenemos «miembros heridos». Puede ser que te hayan acosado y que ahora tengas una baja autoestima. Puede ser que te hayas criado en un hogar con escasa capacidad de gestión del dinero y que, por tanto, hayas heredado la tendencia a ser malo a la hora de ahorrar. Puede ser que seas poco hábil en el amor y actúes desde un lugar de confusión, persiguiendo al tipo de pareja equivocado con bastante frecuencia. Sean cuales sean tus defectos, asúmelos y trabaja con ellos, pero no los perpetúes. Lamentarte con tus amigos sobre si volverás a amar no te hace sentir mejor y los agota. Pregúntale a Brett.

El reto de no quejarse

Aunque la máxima «No hables de miembros heridos» suele poner el foco en que no hablemos de los defectos de los demás, muchos de nosotros tenemos la tendencia a insistir en nuestros propios males y a utilizar nuestro discurso para mantener vivos esos relatos sobre ellos. Esto se conoce comúnmente como quejarse. No sabemos cómo relacionarnos con nuestra ansiedad, así que en algún nivel esperamos que quejarnos a quien nos escuche nos ayude a hacerla desaparecer.

Mi reto es que hagas el voto de no quejarte durante tres días. Quejarse drena tu propia energía vital y no es ni mucho menos un comportamiento beneficioso que pueda abordar la situación de la que hablas. Quejarse, sencillamente, no resuelve nada. Solo te hace sentir mal y perpetúa los relatos que te atormentan en tu cabeza.

Si estás luchando con un jefe difícil, por ejemplo, en lugar de contárselo constantemente a tus compañeros de piso, a tus amigos, a tus citas, a tu perro, a tus vecinos y a tu familia, date cuenta de esa tendencia y vuelve al momento presente. Si quieres ser muy disciplinado al respecto, puedes incluso comprometerte a hacer una donación a una organización benéfica que te guste (o, si eres masoquista, a una que aborrezcas) cada vez que te quejes. Si tienes que dar cinco dólares a la NRA (Asociación Nacional del Rifle) cada vez que hablas de lo imbécil que es tu jefe, puede que dejes de quejarte muy rápidamente.

Cuando cometas un error y acabes quejándote, no te castigues. Normalmente, no somos conscientes de la frecuencia con la que utilizamos nuestro discurso de esta manera, así que considéralo una experiencia de aprendizaje. Si solo cometes un par de errores, considéralo una gran victoria. Estás aprendiendo a abandonar los patrones de lenguaje negativos que te mantienen atrapado en el estrés y estás avanzando hacia una vida liberada a más largo plazo.

27. Cómo abordar tus problemas de frente

Trabaja primero en las mayores impurezas.

ATISHA DIPAMKARA SHRIJÑANA

En un excelente *sketch* de *Saturday Night Live*, Adam Sandler interpreta al director de una empresa de viajes, Romano Tours. Mientras promociona sus vacaciones en Italia, habla de las increíbles oportunidades de diversión y relajación y luego dice: «Pero recuerda que seguirás siendo tú en las vacaciones. Si estás triste donde estás y luego te subes a un avión para ir a Italia, el tú de Italia estará igual de triste que antes». Me encanta esto porque está señalando inadvertidamente cómo no importa lo que hagamos en términos de tratar de huir de nosotros mismos, en algún momento tenemos que darnos cuenta de que nuestra mente es nuestra mente, no importa dónde estemos. ¿Ansioso en casa? Estarás ansioso en Italia. Eres el mismo.

Las historias que llevamos encima sobre lo que nos estresa pueden cambiar día a día, pero el acto de preocuparse y perderse en la ansiedad permanece con nosotros. Siempre habrá cosas nuevas que nos preocupen: el jefe difícil, o la vida amorosa que se torna accidentada, otra mala noticia desencadenante. Para atender a nuestra mente y desarrollar una mayor claridad y cordura, hemos que mirar por debajo de la historia del día y trabajar directamente con la propia ansiedad.

Cuando Atisha dice: «Trabaja primero en las mayores impurezas», se refiere a nuestro mayor obstáculo para despertar a la realidad tal como es. Quizá para algunas personas sea la impaciencia o la agresividad, pero si has elegido este libro, supongo que es tu ansiedad.

Hay muchas escuelas de budismo, pero yo me crié en una tradición que hace mucho hincapié en las enseñanzas del Vajrayana. *Vajra* puede traducirse del sánscrito como «indestructible», mientras que *yana* es «camino» o «vehículo». El elemento indestructible al que nos referimos aquí es nuestra propia vigilancia. Debajo de nuestro estrés y miedo se encuentra nuestra bondad y paz inherentes, esperando a ser descubiertas. La forma de desarrollar una relación profunda con nuestra vigilancia es apoyándonos en lo que surja en nuestro día como parte del viaje espiritual.

El camino del Vajrayana está marcado por la inclinación hacia nuestros obstáculos. En otras palabras, cualquiera que sea la situación estresante que haya surgido en tu vida, puedes pensar: «¡Oh, qué bien! Algo nuevo que me ayudará a trabajar con esta vieja ponzoña mía: la ansiedad». Cuando adoptamos esta actitud, al principio, puede parecer forzada, pero con el tiempo, surge un juego y nos reímos de nosotros mismos. Nos damos cuenta de que la historia que nos produce ansiedad hoy no es tan diferente de la de ayer o de la del día anterior. Todas son manifestaciones de que nosotros no miramos a la ansiedad a los ojos y no la reconocemos.

Cuando trabajas con tu estrés y ansiedad, tratándolos principalmente como el propósito de tu viaje espiritual, estás aprendiendo a no evitar lo que eres. Sientes lo que sientes, sin juzgarte por la aparición de la ansiedad. Te sientas con ella, como lo harías con un viejo amigo que cotillea y no habla de nada. No alientes a esa vieja amiga, pero obsérvala con calma y espera a que se tranquilice. Una vez que la ansiedad se agota, tiende a excusarse y marcharse. Pero primero hay que aprender a sentarse con ella, experimentarla y no animarla a seguir con las historias diarias.

Si todavía estás leyendo este libro, eso me dice que te tomas en serio lo de trabajar con este gran obstáculo/engaño: se ha convertido en una prioridad. Si no has empezado a meditar, por favor, empieza a hacerlo. Esta es la herramienta que nos ayudará a sentarnos frente a nuestra ansiedad y verla como lo que es y no abrumarnos por ella. Si has estado meditando, por favor, considera dejar este libro y estar con tu mente durante diez minutos ahora mismo concentrándote en la respiración. Comprométete a observar tu ansiedad y a conocerla tan bien que ya no tenga control sobre ti. Generaciones de practicantes de meditación lo han hecho antes y están esperando que te unas a ellos.

28. Deja de fijarte en lo que no te sirve

Renuncia a la comida envenenada.

ATISHA DIPAMKARA SHRIJÑANA

A lo largo de nuestro viaje juntos debemos seguir reflexionando sobre una elección que siempre está a nuestra disposición: podemos centrar nuestra energía mental en lo que nos estresa en un día determinado o podemos centrarla en encontrar el contento en el momento presente. Sé que ya has hecho esta elección: te interesa la parte del contento. Lo que Atisha nos pide aquí es que hagamos el duro trabajo de abandonar los pensamientos ansiosos de verdad para poder descansar en ese estado.

«Obviamente, Lodro –puedes estar pensando–, quiero abandonar la ansiedad. Pero no es tan fácil». En una serie poco conocida llamada *The Grinder*, Rob Lowe interpreta a un actor que ha hecho de abogado durante ocho años en televisión, lo que significa que cree que ya puede ejercer la abogacía en

la vida real. Esto le lleva a poner en práctica una serie de ton-
terías que funcionan bien en la televisión, pero que no tienen
cabida en un juzgado real.

Mi episodio favorito es cuando el personaje de Lowe empieza a usar un latiguillo en particular: «Pero ¿y si no fuera
así?». Alguien podía decir: «Es imposible que declaren» y él
aparecía de la nada y decía crípticamente: «Pero ¿y si no lo
fuera?».

Digamos que acabas de salir del trabajo y necesitas un
trago después de una semana angustiosa. Llegas a casa y tu
cónyuge te pregunta qué tal te ha ido el día, pero le haces un
gesto para quitártelo de encima y vas a cambiarte a la otra
habitación. Durante todo el trayecto de vuelta, te has perdido
en tu ansiedad por saber si conseguirás ese cliente y si hacerlo te impulsará en tu carrera o si, como temes, no cerrarás el
trato y correrás el riesgo de perder tu trabajo. En ningún momento prestaste atención al viaje, al trabajo, a tu cónyuge o
incluso a desvestirte y ahora estás desnudo en tu habitación y
piensas: «Bueno, este asunto del trabajo se ha apoderado de
mi noche».

Pero ¿y si no fuera así?

Solo hacerte la pregunta puede alejarte de un punto de
vista bloqueado. Lo que te pido aquí es que sueltes tu noción
de que la ansiedad es un monstruo imposible ahí fuera que
puede entrar en tu mente y salirse con la suya cuando quiera.
Por ejemplo, puede que te aferres a la ansiedad y pienses:
«Tengo que mantenerme en guardia o me ablandaré. Así son

las cosas». Pero ¿y si no fuera así? ¿Puedes al menos imaginar un mundo en el que la ansiedad se lleve solo el 10% de tu energía mental en lugar del 90%? ¿Cómo sería ese mundo?

La máxima relacionada con esta noción es: «Abandona los alimentos venenosos». Imagino que en el siglo xɪ probablemente había una buena cantidad de alimentos tóxicos reales contra los que Atisha podía advertirnos. Pero, aquí, a lo que se refiere –el verdadero veneno– es a nuestra fijación, que nos bloquea y aparta de estar con la realidad tal cual es.

Cuando gastamos toda nuestra energía mental fijándonos en lo que nos causa dolor en ese momento, estamos envenenando lentamente la mente y el corazón. Si te fijas en la ansiedad de ese día, en tus celos hacia un colega o en tu rabia hacia un determinado político, te estás bloqueando respecto al momento presente, envenenándote con emociones negativas.

A un nivel más profundo, esta máxima puede referirse a la noción de falta de ego de la que hemos hablado antes. La forma en que nos fijamos en «mí» y en «mis problemas», sin apoyarnos en nuestra experiencia del momento presente, nos mantiene repitiendo los ciclos de dolor que hemos perpetuado durante décadas. La meditación como práctica no consiste en «autoayuda» en el sentido clásico; desde una perspectiva absoluta, en realidad se trata de deshacer el sentido del yo, incluidas las fijaciones que nos separan de ser quienes somos y de estar abiertos a quienes nos rodean.

Las enseñanzas budistas nos invitan no solo a tratar de elevarnos e intentar ser grandes, sino a deshacer las historias que nos contamos sobre por qué tenemos que ser grandes o por qué tenemos que conseguir ciertas cosas para ser felices. Se nos invita a dejarlo todo. Podemos abandonar nuestra fijación: nuestro apego y anhelo de cosas que son impermanentes o que simplemente no van a suceder; este patrón habitual negativo solo nos causa más sufrimiento.

La práctica, en pocas palabras, consiste en darse cuenta de cuándo te estás contando muchas historias y volver al momento presente. «¿Que estoy enganchado a la ansiedad? Imposible», puedes decir. Pero ¿y si no lo fuera?

La próxima vez que estés encerrado en una cavilación sobre el trabajo, de pie y desnudo en tu habitación sin saber cómo has llegado hasta allí, haz una pausa. Tómate un respiro. Luego concédete un momento para fijarte en tres cosas de tu entorno. Ahí está la bonita lámpara que te regalaron hace tantos años que todavía aprecias. Oyes los ronquidos del perro en la esquina y eso te alegra el corazón. La luz del sol incide en tu piel y te resulta agradable. Ya has cambiado tu energía mental de la fijación a la gratitud, simplemente viendo lo que puedes apreciar del momento presente.

Habiendo dado un paso atrás respecto de la ansiedad, dispones de una oportunidad: puedes pasar a gastar tu energía mental no en la fijación, sino en algo nuevo. Dirígete a la otra habitación y pregunta a tu cónyuge cómo le ha ido el día. Llama a un amigo para ver cómo está. Pasa de centrarte solo en ti a tener en cuenta a los demás. Esta brecha de un solo momento es suficiente para que advirtamos que tenemos opciones sobre cómo queremos proceder. La ansiedad está destinada a apoderarse del resto de tu vida, pero ¿y si no fuera así? ¿Y si descansaras en ese hueco y te conectaras con tu propio corazón abierto? Momento a momento, brecha a brecha, nos estamos entrenando para una vida más significativa y menos ansiosa.

29. El tercer ojo ciego y los puntos dolorosos

Cuando era adolescente, era un gran fan de la banda Third Eye Blind. Todavía lo soy. Aunque no era la más edificante de sus canciones, «Jumper» tenía quizá el estribillo más memorable: «Me gustaría que te apartaras de esa cornisa, amigo mío». Cada vez que me reúno con un estudiante de meditación que está a punto de caer en la madriguera de la ansiedad y perder una hora o un día reproduciendo las mismas tres historias repetidas, noto que este verso me da vueltas en la cabeza. ¡Si al menos dieran un paso atrás en esa cornisa!

El momento antes de saltar es cuando Atisha puede hacernos bajar. No queremos causarnos dolor, ¿verdad? Bueno, señala, entonces, ¿qué tal si no llevamos las cosas a un punto doloroso? En otras palabras, si no podemos descansar con la realidad tal y como es, al menos no nos dejemos llevar por algo que no nos parece útil o provechoso. Esta máxima en particular está relacionada con la cualidad del esfuerzo: necesitamos esforzarnos para no caer en los mismos patrones habituales que nos causan dolor una y otra vez.

Los budistas tenemos un término para cuando nos esforzamos por dejar lo que no nos sirve: renuncia. La noción de renuncia se presenta con frecuencia como la renuncia a las posesiones mundanas. Si tu ropa, tus libros y tu ordenador portátil te impiden estar despierto a la realidad tal y como es, entonces, deshazte de ellos. Pero para la mayoría de nosotros lo que nos impide estar despiertos y cuerdos es nuestro pensamiento obsesivo, nuestros celos, nuestra ira, etc. Debemos renunciar a cualquier tendencia negativa que nos impida ser abiertos y compasivos.

Cuanto más nos alejemos de la cornisa mientras estamos sentados en el cojín de meditación, más nos daremos cuenta de que podemos hacerlo en nuestra vida cotidiana. Cuando nos causamos menos dolor a nosotros mismos, es menos probable que inflijamos el dolor reprimido a los que nos rodean, y nuestra vida será más tranquila.

Por cierto, esta es la otra forma en que se suele considerar el lema: en las relaciones no debemos llevar las cosas a un extremo doloroso. Hay muchas veces en las que nos encontramos tratando con una persona difícil en nuestra vida –incluso si es nuestro cónyuge–, provocándola como un boxeador profesional, buscando una apertura para poder pegarle de verdad.

Por ejemplo, cuando estás con tu compañero de trabajo, sacas a relucir la cosa vergonzosa que hizo hace dos años y que esperaba que todo el mundo hubiera olvidado. En una reunión familiar, sacas a relucir aquello tan horrible que hizo un familiar hace veinte años y que todo el mundo finge haber olvidado. Mientras sales con tu pareja, se te escapa un fracaso que ocurrió de forma aparentemente jocosa, sabiendo lo hiriente de la experiencia. Por otra parte, con tu pareja podría ser hiriente cualquier declaración que incluya «Por supuesto que sí. Eres igual que tu madre».[53]

La máxima «No lleves las cosas hasta un extremo doloroso» nos pide que nos abstengamos de perpetuar nuestro sufrimiento y el de los demás, para que podamos alejarnos del punto doloroso y entrar en un lugar de comprensión y compasión. Cuando consideramos este consejo, estamos diciendo que hacerlo es la antítesis del comportamiento compasivo. No deberíamos intentar humillar o denigrar a la gente; creemos que son peores por ello y cualquier sentimiento temporal de superioridad que podamos tener se desvanece y solo nos queda la culpa y la vergüenza. Si renunciamos a la tendencia de lanzar una pulla más, un comentario sarcástico más o un apunte más en un *post* de Facebook, nos alejamos del dolor y la ansiedad y entramos en la liberación.

Puedes notar cualquier tendencia que puedas tener de revolver el avispero –ya sea en tu propia mente o en tus relaciones– y entonces la práctica es estúpidamente simple: no lo hagas. Simplemente no lo hagas.

Es más fácil decirlo que hacerlo, lo sé. Pero la cosa es parecida a lo que ocurre en *Kárate Kid*. En la película, nuestro chico, Daniel, practica una serie de tareas insignificantes una y otra vez, que más tarde su mentor le revela que en realidad son movimientos de kárate. Del mismo modo, en la meditación, has estado sentado y te has dado cuenta de cuándo te desvías y luego vuelves, inculcando una breve brecha entre tus relatos estresantes y la actuación sobre ellos.

Ahora puedes practicar la misma brecha que has estado desarrollando en el cojín de meditación y permitir que tus reacciones en el resto de tu vida surjan y se disuelvan sin hacer nada. En su lugar, por extraño que parezca en el momento, puedes hacer una pausa y simplemente estar presente con tu experiencia. Habiendo descansado en ese hueco, puedes incluso ver si puedes ofrecer a la persona que tienes delante alguna pequeña amabilidad, ofreciéndole un cumplido o agradeciéndole algo que haya hecho en el pasado. Es un desarme mutuo y cambia la dinámica drásticamente. Al alejarte de la ansiedad, (al igual que le ocurre al protagonista en *Kárate Kid*) te vuelves rápido y hábil al trabajar con el oponente que tienes delante, y eso hace que la situación pase de ser de tensión y dolor a ser de compasión.

30. Consejos para empezar y acabar el día

Dos actividades: una al principio y otra al final.

ATISHA DIPAMKARA SHRIJÑANA

Nadie se levanta queriendo entregar su día a la ansiedad. Sin embargo, muchos de nosotros lo hacemos. Si algunos de los otros consejos de Atisha en torno al concepto de vacío nos han parecido amorfos, aquí nos da algo muy práctico para ayudarnos: empezar y terminar cada día con un momento de práctica de apertura del corazón.

Imaginemos por un momento que te levantas por la mañana e inmediatamente coges el teléfono, abres los mensajes de texto o el correo electrónico y descubres que alguien está reclamando tu atención. Esto te hace entrar en un ciclo de ansiedad, y tu lista de tareas mentales empieza a girar en espiral. Ni siquiera has puesto los pies en el suelo, pero ya estás flotando en un abismo estresante de «¿Y si…?».

Convirtámoslo en el Día de la Marmota y repitámoslo. Te levantas por la mañana y, antes de tocar el teléfono, respiras y compruebas cómo está tu cuerpo. Escaneando desde tus pies hasta la parte superior del cráneo, notas dónde hay alguna tensión y relajas suavemente esos músculos. Contemplas la gratitud por la bondad de tu vida. Te tomas un momento para contemplar a las personas que quieres y despiertas tu corazón, tocando tu *bodhichitta*. Puedes establecer una intención: «Trasladaré mi atención y compasión al resto de mi jornada». Luego mira tu teléfono.

Con uno o dos minutos de práctica, ya has encaminado tu jornada en una dirección diferente a la que podrías haber tomado de otro modo. Te estás relajando en la realidad tal y como es, estando en el cuerpo y descansando en el momento presente. Estás conectando con tu propio corazón abierto. Estos actos te dan fortaleza y resistencia para que cuando los desencadenantes estresantes aparezcan en tu camino (¡y lo harán!) seas capaz de no dejarte sacudir por ellos. Este momento de empezar el día con la *bodhichitta* es la primera parte a la que se refiere Atisha cuando aconseja: «Dos actividades: una al principio y otra al final».

La actividad al final del día es de reflexión. Mientras te cepillas los dientes o te preparas para ir a la cama, puedes tomarte un momento y preguntarte: «¿En qué medida fui capaz de vivir desde la perspectiva de la atención plena y la compasión?». Si tuviste un día en el que te conectaste genuinamente con la *bodhichitta* y fuiste amable y compasivo con quienes te rodean, ¡impresionante! Alégrate de ello. Permítete sentir la bondad de haberte esforzado realmente en una dirección positiva. Si dejas el cepillo de dientes y piensas: «Me he rendido dos minutos después de revisar mi correo electrónico», bueno, mañana será otro día. Puedes volver a intentarlo.

Lo bueno de esta máxima es que es una práctica diaria que podemos emplear a lo largo del tiempo para que poco a poco, momento a momento, vayamos alineando nuestra energía mental, lejos de ceder constantemente ante la ansiedad y el estrés, dirigiéndonos más hacia la presencia y la apertura de corazón.

Al llegar a nuestra sección final, pasamos del camino Mahayana de la compasión y la vacuidad a un camino más Vajrayana, considerando nuestra vida desde un punto de vista sagrado. Veremos cómo trabajar con la ansiedad en un sinfín de situaciones de nuestra vida, pero antes quiero destacar que estas máximas pueden y deben ser revisadas con regularidad. Podemos escribir una en una nota adhesiva y ponerla en algún lugar en el que la veamos fácilmente, o escribir una máxima distinta en cada día del calendario para acordarnos de contemplarlas. Estas máximas que Atisha ofreció hace cientos de años pueden ser concisas, pero si nos aplicamos con ellas, se revelan llenas de consejos prácticos sobre cómo vivir una vida más significativa y despierta.

Parte IV

Poner a prueba
su apliación práctica
a tu estilo de vida ansioso

31. Mindfulness en acción

La noción de mindfulness puede tener mala reputación porque es una actividad centrada en el interior. Si estás atento a tu respiración, o a tu alimentación, o incluso a la ducha, solo se trata de ti, ¿verdad? La respuesta es sí, pero solo si has conseguido aislarte completamente. Porque en el momento en que te levantas de esa actividad y vas al gimnasio, o navegas por una tienda de ropa, o abres las redes sociales, se te plantea el reto de aplicar la atención plena a tus interacciones con los demás. La cuestión es la siguiente: en lugar de entrar en una espiral de ansiedad, ¿podemos reducir la velocidad y tratar nuestra jornada con el respeto que se merece?

En esta sección, nos fijaremos en los detalles más importantes de nuestro día –especialmente, en los que pueden desencadenar estrés y ansiedad– y veremos si podemos aplicar nuestra atención plena (mindfulness) y compasión a estos escenarios para vivir una vida más pacífica. El cambio fundamental respecto a nuestro trabajo anterior juntos es que, en lugar de considerar la ansiedad como un problema, la consideramos parte de nuestro camino espiritual. La perspectiva Vajrayana es que podemos transmutar la experiencia de ver la ansiedad como un obstáculo a verla como una oportunidad sagrada. Veremos cómo podemos alejarnos de nuestros impulsos y formas habituales de hacer las cosas y, en cambio, descansar en nuestra propia naturaleza búdica o presencia innata. A través de nuestra práctica de meditación, estamos aprendiendo a dar un paso atrás y a descansar en ese espacio para poder entender mejor cómo dar un paso adelante en el resto de nuestra vida desde un lugar en el que apreciamos lo mágica que es la vida.

A través de la práctica fundamental de la meditación, hemos empezado a sintonizar nuestra vida como una señal de radio. Nos damos cuenta de la vitalidad y la belleza de estar presentes. Cuanto más nos entrenamos en estar presentes, más discernimos sobre las personas con las que pasamos nuestro tiempo, la forma en que nos involucramos en nuestro trabajo, cómo abordamos los viajes e incluso nuestras transacciones financieras. Aprendemos que somos suficientes, que tenemos suficiente y que estamos intrínsecamente despiertos, y que bajo cualquier capa de ansiedad que pueda existir en un día determinado, nuestra propia bondad fundamental está ahí, lista para brillar como el sol en un momento dado.

A veces, para que estos principios entren en nuestra vida, solo hemos de salir de nuestro propio camino. *Prajña* es un término sánscrito que puede traducirse como «sabiduría», pero más directamente como «conocimiento superior». Es el tipo de conocimiento que tiene lugar cuando somos capaces de soltar nuestro ego y estar presentes con la forma en que son las cosas, en contraposición a cómo pensamos que serían o cómo sospechamos que deberían ser.

Cuando dirijo una práctica de contemplación guiada para mi comunidad en línea, a menudo empiezo invitando a todo el mundo a tomarse unos cuantos minutos para calmar la mente y prestar atención a la respiración. Esta práctica nos permite relajarnos en el momento presente. Cuanto más nos relajemos en la forma en que son las cosas, más claramente podremos escuchar la vocecita de nuestro interior. *Prajña* es la sabiduría que está presente cuando salimos de nuestro propio camino y vamos más allá de nuestra mente pensante.

Cuando *prajña* se infunde en nuestra atención y compasión, se convierte en algo extraordinario y trascendente. Cuando nos proponemos ser generosos, estamos eliminando el «yo» de la ecuación y sintonizando con lo que sucede y con la forma de beneficiar a los demás. La sabiduría surge cuando somos capaces de limitarnos a estar con las cosas tal y como son. Cuando damos espacio a nuestra sabiduría, aprendemos a mostrarnos en el mundo de una manera significativa y beneficiosa para nosotros mismos y para los demás.

Una analogía budista tradicional es que la sabiduría y la

compasión son como las dos alas de un pájaro; necesitamos ambas para poder volar. Cuando conectamos con nuestra mente sabia, no solo nos volvemos más hábiles en nuestra actividad, sino también más compasivos. ¿Recuerdas cuando compartí mis paseos meditativos por mi barrio? A veces, encuentro que la manera más fácil de dejar de lado mis propias historias y salir de mi propio camino es mirar a mi alrededor y considerar a los extraños que pasan junto a mí. Como práctica formal, puedes simplemente dejar que tu mirada se pose sobre alguien y lanzar la aspiración: «Que seas feliz». Comprueba qué se siente al ofrecer ese deseo a alguien con quien quizá nunca hables. Es posible que surjan especulaciones sobre cómo es la felicidad para esa persona, pero luego dirígete a alguien nuevo y repite: «Que seas feliz». No hay que perderse en nuestras historias sobre las otras personas; la práctica consiste en permanecer abiertos y presentes ante tantas personas como sea posible, para apreciar la sagrada oportunidad de abrirnos al mundo que nos rodea.

Aquí estamos cambiando ese marco de trabajo exclusivamente nuestro para incluir a las muchas personas que nos rodean. Si quieres ser desgraciado, debes centrar gran parte de tu atención solo en tus propias luchas. Si quieres ser feliz, ten en cuenta a los desconocidos que te rodean. Hay un viejo refrán que dice que un extraño es solo un amigo que aún no has conocido. Aunque suene trillado, puede ser cierto. Puede que nunca conozcamos a esa persona ni intercambiemos largas historias sobre nuestra educación, pero podemos cultivar un corazón de amistad para todos los que nos rodean. Aunque solo sea por eso, cuando aplicamos nuestra mente sabia a los momentos sencillos de nuestra vida, salimos de nuestra estresante trama y estamos más disponibles para el resto de la jornada.

32. Cuanto más dinero vemos, más ansiedad encontramos

En general, deberíamos considerar el dinero
como la leche materna (...), algo muy valioso.
Al mismo tiempo, la leche materna se puede regalar,
y podemos producir más leche materna.
Así que no debemos aferrarnos demasiado a ella.

CHÖGYAM TRUNGPA RINPOCHE, *Work, Sex, Money*[55]

Nunca he conocido a nadie que no haya experimentado estrés y ansiedad como parte de su relación con el dinero. Todos tenemos patrones que heredamos involuntariamente de nuestros padres o cuidadores. Tenemos nuestras propias formas de gastar el dinero que se desarrollan con el tiempo. Algunos de nosotros incluso arrastramos una vergüenza secreta en torno a lo generosos o no que somos, o a que apoyamos económicamente a instituciones que no son las mejores para el medio ambiente o para sus trabajadores. Si puedes encontrar a alguien que comprenda al cien por cien cómo afecta cada dólar que gasta a la economía y que esté en contacto a un nivel intuitivo con lo que siente en cada transacción financiera, me encantaría conocerlo.

Sin embargo, no podemos ignorar nuestra relación con el dinero solo porque pueda provocar ansiedad. En cambio, podemos abordar nuestra comprensión del dinero y la riqueza desde la perspectiva de la curiosidad y la generosidad. ¿Recuerdas que en el capítulo 2 desarrollamos los tres ámbitos del pensamiento ansioso (personal, interpersonal y social)? De forma similar, vamos a analizar nuestra relación interna con el dinero, cómo podemos utilizarlo para beneficiar las relaciones en nuestra vida y, a continuación, explorar cómo nuestras decisiones financieras afectan realmente a la sociedad.

Personal

Durante mucho tiempo, cuando iba al cajero automático a sacar dinero, sentía una oleada de ansiedad. Al final de la transacción, cuando mostraban el saldo de mi cuenta, levantaba la mano para no verlo. Escondernos literalmente de nuestra realidad económica, esperar que desaparezca dando un manotazo a un botón es lo más voluntariamente ignorante que se puede ser.

Por supuesto, me di cuenta de que mi relación con esta situación cotidiana era muy neurótica y traté de abordarla. Para mí, eso significa revisar con regularidad mis transacciones bancarias en línea en la comodidad de mi propia casa (en lugar de hacerlo con una fila de extraños detrás de mí) y hacer el seguimiento de mis ingresos y gastos en mi teléfono para mantener un presupuesto. El hecho de que esto funcione para mí –con mi equilibrio único de mentalidad de pobre y el gusto heredado por el champán que se ha perfeccionado durante décadas– no significa que vaya a funcionar para ti y tu peculiar relación con el dinero.

El punto más importante aquí es que cada uno de nosotros mantenga una relación con el dinero que esté basada en la realidad. Desde el punto de vista del gran vehículo [Mahayana] esto significa relacionarnos con el dinero de manera que no nos cause daño a nosotros ni a otras personas de nuestro entorno. Algunos derrochamos grandes sumas de dinero, sin entender cómo lo gastamos. Otros están bien entrenados para racionar hasta el último céntimo y tienen miedo de gastar dinero por temor a no ganar más. Como señala Chögyam Trungpa Rinpoche en la cita que abre este capítulo, podemos darnos cuenta de que el dinero es muy valioso, pero es mucho más fluido y cambiante de lo que normalmente concebimos. No tiene sentido irse a los extremos en nuestra relación con él, y cuando descubrimos que nos vamos a un extremo del espectro o al otro, deberíamos observar esos patrones como una forma de aflojar el control que tienen sobre nosotros.

Como se ha señalado en capítulos anteriores, la meditación es una herramienta increíble para cultivar el discernimiento. Como habrás comprobado, cuando meditas, puedes notar que la misma línea argumental se reproduce cien veces seguidas. Por ejemplo, te sientas a meditar un domingo por la mañana y en tu cabeza vuelves a reproducir la escena de sacar el ridículo recibo del bar del bolsillo. En lugar de volver a meditar en la respiración, inmediatamente saltas al modo de autoagresión y ansiedad, reprendiéndote a ti mismo: «¡Idiota! ¿Por qué invitaste a todas esas personas a una copa? Ni siquiera las conocías. ¿Y ahora cómo vas a pagar el alquiler?». En algún momento, te das cuenta de que te has desviado y vuelves a estar con la respiración. Puede que aparezca el mismo argumento, o que sea un poco diferente: «¿Anoche cogiste un taxi de ida y vuelta? ¿De dónde crees que va a salir el dinero para eso?».

Después de reñirte a ti mismo y volver al momento presente una y otra vez, puede que en algún instante te des cuenta de que «No me gusta gastar dinero así. Me produce ansiedad. Quizá no debería volver a hacerlo». Una vez que hemos discernido que queremos cortar con una determinada forma de hacer las cosas, aplicamos la disciplina y completamos la meditación.

Además de cultivar buenos patrones, también hemos que darnos cuenta de que el dinero no nos proporcionará la felicidad eterna. No es que ganemos una determinada cantidad y digamos: «Oh, bien. Ahora ya no necesito pensar nunca más en el dinero». Para muchos de nosotros, el dinero pesa bastante en la mente a lo largo de los años y nuestra relación con lo «suficiente» cambia y se modifica. Así que otro aspecto de la observación de nuestra relación personal con el dinero es ver cuáles son nuestras expectativas en torno a él.

Si basamos nuestra vida en la noción de «seré feliz cuando…» y terminamos la frase con «tenga X cantidad en el banco» o «pueda comprar una casa», estamos destinados a vivir una vida marcada por la ansiedad. La felicidad no es algo que se pueda adquirir con ganancias económicas, y mucho menos con lo que el dinero puede comprarnos. Hemos de analizar nuestra relación personal con el dinero para ver a través de esta falacia y manejarla en beneficio de los demás.

Interpersonal

En la tradición Mahayana, se dice que la generosidad es la virtud que produce la paz porque nos libera de pensar solo en nosotros mismos y nos abre a la posibilidad de considerar el bienestar de otras personas. Hay muchas formas de expresar generosidad, desde ofrecer nuestro tiempo a un vecino al que le vendría bien una ayuda para mover los muebles, hasta ofrecer nuestros recursos, como por ejemplo prestar nuestro coche a alguien para que pueda ir a visitar a sus padres.

A menudo, cuando pensamos en la generosidad, pensamos en ofrecer dinero. Habiendo discernido (aunque sea un poco) lo que nos gustaría cultivar y eliminar de nuestra vida, es probable que tengamos una idea de cómo nos gusta gastar nuestro dinero. Nos sentimos mal cuando compramos zapatos caros que nunca usamos. Nos sentimos bien cuando le damos unos dólares a un indigente. Así, podemos comprometernos a hacer menos de lo primero y más de lo segundo, y centrarnos en ser más generosos con el dinero.

Además de donar a las organizaciones benéficas que creemos que benefician a la sociedad, cada día nos enfrentamos a situaciones cotidianas en las que se nos pide que analicemos lo generosos que queremos ser. Cada vez que pagamos la cuenta en un restaurante, nos enfrentamos a un tarro de propinas en la cafetería local o nos instalamos en un bar, experimentamos un momento en el que se nos invita a contemplar lo generosos que queremos ser.

La generosidad no es una ecuación en la que uno da algo y es lo «correcto» y se siente bien consigo mismo. Es una situación en la que vamos un poco más allá de nuestro nivel de comodidad, reconocemos que alguien puede estar necesitado y ofrecemos desde la apertura de nuestro corazón. La generosidad no se limita al dinero, pero te advierto que si intentas dar una propina a tu camarero con un cálido abrazo puede que te miren raro.

La sociedad

Por último, existe la verdad básica de que, independientemente de cómo gastemos nuestro dinero, estamos influyendo en el mundo que nos rodea. Si entro en un bar y pido un Auchentoshan solo, no estoy pagando únicamente por un vaso de whisky (muy bueno). Estoy apoyando a un negocio local –mi bar local, Makers, a diferencia de la media docena de bares cercanos– para que los propietarios de este establecimiento puedan destinar cierta cantidad de dinero a pagar el alquiler. Estoy dando una propina a un camarero que probablemente tiene varios trabajos para salir adelante. Estoy apoyando a todos los que han contribuido en la elaboración de esta fantástica bebida, desde los que la elaboran en la destilería de Clydebank, Escocia, hasta las personas que la entregaron en el bar unos días antes.

Y no se trata solo de mí y de la bebida que elijo, sino de cada uno de nosotros con cada compra que hacemos, ya sea una camisa que se fabrica de forma decente o a costa del trabajo infantil, una hamburguesa que pedimos y que afecta a las vacas y a sus granjeros, así como a nuestro ecosistema, o incluso tu decisión de comprar este libro, que afecta a mi capacidad de producir ese tipo de trabajo en el futuro. Cada compra que hacemos es un momento de conexión con un mundo más amplio que nos rodea y puede (y probablemente lo hará) afectar al estado de nuestra mente.

Al igual que muchas de las enseñanzas budistas, la noción de interdependencia no es una idea dogmática elegante; es simplemente la verdad. Todos estamos conectados. Nuestras acciones afectan a otros seres, lo que tiene un efecto dominó en toda la sociedad. Aunque me doy cuenta de que esto puede sonar intimidante, hemos que ir más allá de la intimidación para considerar mejor cómo utilizamos nuestro dinero para apoyar al mundo de una manera en la que nos sintamos bien.

Por ejemplo, la próxima vez que te entreguen un recibo, puedes tomarte un momento para notar el talante de tu mente.

¿Haces una mueca antes de repasarlo? ¿Te sientes bien con lo que has pedido? Respira. Mira la factura. Continúa sintonizando con cualquier emoción que surja en tu cuerpo. Algunas pueden estar arraigadas en patrones de hace décadas. Otras pueden parecer sorprendentes y nuevas. No tienes que sentarte a meditar durante veinte minutos para hacer esto; simplemente tómate un momento o dos para darte cuenta de lo que surge.

Si se te ofrece la oportunidad de dar una propina, fíjate en la cantidad que te viene a la mente. Puede que sientas que vas un poco justo de dinero o que te sientas magnánimo. Tómate un momento para dirigir tu atención a la persona a la que vas a dar la propina. Intenta ponerte en su lugar e imaginar cómo vive por un momento. Comprueba si experimentas algún sentimiento de apertura hacia esa persona. A continuación, da una propina que te ayude a cultivar la generosidad. Observa la actitud de tu mente después de hacerlo. Imagino que la sensación predominante no será de ansiedad. Cuando aprendemos a llevar a nuestro camino espiritual incluso las transacciones financieras más pequeñas, no las vemos como algo sucio, sino como nada más que formas de despertar nuestra mente y nuestro corazón. Este es el punto de vista del Vajrayana: cualquier cosa que encontremos en nuestra vida puede ser una oportunidad para despertar.

33. Un entorno laboral sin estrés

Rick: Le felicito.
Víctor: ¿Por qué?
Rick: Por su trabajo.
Víctor: Lo intento.
Rick: Todos lo intentamos. Usted lo consigue.

Casablanca

Un área de nuestra vida que sin duda nos produce estrés es el lugar de trabajo. A pesar del título de este capítulo, no puedo prometerte el secreto para tener un entorno laboral libre de estrés, pero hay formas de minimizar nuestra ansiedad por el trabajo, de establecer límites e incluso de sentirnos exitosos. ¿Podemos considerar que el lugar de trabajo es una parte de nuestro camino espiritual, quizás incluso un área en la que podemos despertar nuestra sabiduría innata? En una palabra, sí.

En la sociedad estadounidense, a veces el «éxito» es un término que denota que alguien tiene una buena posición económica y que, de alguna manera, ha hecho funcionar el sistema hasta el punto de que ya no tiene que trabajar mucho o hace el trabajo que le gusta. Sin embargo, si preguntas a muchas de las personas que admiras si se consideran exitosas, puede que te sorprenda su respuesta. Muchas estrellas de Hollywood, «líderes de opinión» bien pagados y políticos están plagados de las mismas dudas, ansiedad y preocupaciones que cualquiera de nosotros. Puede que tengan más dinero o un horario de trabajo más flexible que el nuestro, pero puede que no se consideren «triunfadores» en el sentido que nosotros imaginamos.

Entonces, ¿qué es el éxito? En mi opinión personal, el éxito en la vida laboral se basa en la visión Mahayana, en hacer todo lo posible por ayudar a la gente. Si vienes a trabajar con la visión de que puedes beneficiar a los demás y te propones hacerlo lo mejor posible, tanto si te ganas la vida haciendo la compra como si trabajas en el sector inmobiliario, sigues haciendo un buen trabajo. En lugar de definir el éxito como algo que tenemos que obtener de factores externos –ya sea dinero, poder o cosas que podemos obtener a través de cualquiera de ellos–, podríamos pensar en él como una sensación de salud y placer al saber que estamos ayudando al mundo que nos rodea.

De este modo, el éxito se reduce a dejar de lado nuestras ansiosas historias durante el tiempo suficiente como para mostrarnos ante los demás –ya sean nuestros compañeros de trabajo, empleados o clientes– con un mínimo de respeto y aprecio por nuestra humanidad compartida. Incluso el más difícil de los clientes tiene la misma bondad fundamental que tú y yo; reconocerla e intentar descubrirla junto a ellos es un regalo que podemos ofrecer. Quien está frente a nosotros se convierte en la persona más importante de la sala y la mejor manera de servirle es mantener el espacio suficiente para que surjan su propia sabiduría y su despertar.

Cuando consideramos la oficina como un laboratorio para que brille nuestra compasión y sabiduría, nuestro trabajo se convierte en el campo de entrenamiento de nuestro camino espiritual. Chögyam Trungpa Rinpoche dijo en una ocasión: «El trabajo también es algo *real*, tanto como la práctica espiritual. Así que el trabajo no tiene que tener ningún significado extra detrás, sino que es la espiritualidad en sí misma».[56] No tenemos que conseguir un trabajo perfecto en el que podamos considerarnos espiritualmente suficientes o finalmente capaces de ayudar a los demás; podemos observar nuestra circunstancia actual y, estando presentes, ver si hay formas de ayudar a los demás ahora mismo. No hay nada «extra» que necesitemos además de esa práctica.

Hay algo muy terrenal y humilde en examinar una situación y simplemente hacer lo que hay que hacer. Cuando dirigía los estudios de meditación que cofundé, MNDFL, veía que el personal de recepción hacía un excelente trabajo recibiendo a los nuevos estudiantes, mostrando a la gente el lugar y reorganizando los cojines en el espacio de meditación. Pero entonces me daba cuenta de que el lavavajillas estaba sonando y que había que sacar las tazas limpias. Lo más importante para mí en ese momento no era dar la mejor charla de meditación o charlar con un alumno sobre su experiencia, sino descargar el lavavajillas. Y descargar el lavavajillas es glorioso en sí mismo. El momento en que pienso que soy demasiado bueno para guardar las tazas es probablemente el momento en que debería dejar de ser profesor de budismo.

Hay un viejo dicho zen: «Antes de la iluminación, corta leña y lleva agua. Después de la iluminación, corta leña y lleva agua», lo que significa que incluso después de haber alcanzado los niveles más elevados de conciencia meditativa, todavía tienes que relacionarte con tu vida diaria. Para ilustrar este punto, hay una historia en la que el maestro zen Shunryu Suzuki Roshi fue abordado por un estudiante de meditación que entró en gran detalle explicando una experiencia que tuvo de disolución en la amplitud. Entonces le pidió a Suzuki Roshi que le diera su opinión o consejo. «Sí, podrías llamar a eso iluminación –dijo Suzuki–, pero es mejor olvidarse de ello. ¿Y cómo va tu trabajo?».[57]

Entiendo que algunos (muchos) de nosotros tenemos personas desconsideradas y situaciones difíciles en el trabajo que nos estresan. Cuando el trabajo es abrumador, no tenemos que aceptarlo sin más. Incluso el filósofo jesuita español del siglo XVII Baltasar Gracián señaló: «Saber decir "no". No hay que ceder en todo ni a todos. Saber negarse es, pues, tan importante como saber consentir».[58] En otras palabras, el Buda nunca dio un sermón sobre «túmbate y sé un felpudo». Podemos ser compasivos y a la vez establecer límites que nos protejan para no quemarnos.

Alguien me envía un correo electrónico después de una charla que doy sobre este tema y trata de explicar cómo su situación laboral es única y simplemente no puede decir «no» a las diversas demandas que surgen. Después de un largo ir y venir, descubro que no ha tenido ninguna conversación sobre el asunto con su jefe o sus compañeros de trabajo, solo conmigo. Este es un gran problema que ignora la realidad de nuestro entorno laboral. Digamos que eres una de las diez personas de una oficina. Eso significa que eres el 10% de tu sociedad laboral. El 10% de cualquier sociedad tiene una voz fuerte. Incluso si somos el 1% o el 0,1% de una sociedad, tenemos voz. Si participamos en una conversación constructiva, podemos cambiar nuestro entorno de trabajo.

El siguiente argumento con el que me encuentro a menudo es que en el lugar de trabajo no hay espacio para estas conversaciones conscientes. De hecho, pueden preguntarme: «¿Cómo puedo evitar muchas conversaciones negativas y habladurías?». Mi parábola favorita a este respecto es la de un rabino cuyo vecino le oyó contar una historia sobre un pariente que había sido detenido por robar. Este vecino pensó que el rabino estaba hablando de su propio hijo y comenzó a difundir este chisme contándoselo a todos los que quisieran escucharle, que como puedes imaginar fueron bastantes.

Cuando se reveló que la historia del robo no trataba, de hecho, sobre el hijo del rabino, el vecino se presentó, se disculpó y le preguntó si había algo que pudiera hacer para arreglar las cosas. El rabino le llevó a la cima de una colina en un día especialmente ventoso y le entregó una almohada. «Puedes cortar la almohada», respondió. El vecino lo hizo y las plumas salieron volando por el aire. «Ahora puedes ir a recoger las plumas y ponerlas de nuevo en la funda y dárselas a mi hijo», le dijo. El vecino se dio cuenta de que eso era imposible. Del mismo modo, no hay forma de reparar el daño hecho al chismorrear. A menudo pienso en esta parábola cuando tengo la tentación de chismorrear, pues sé que en la mayoría de los ambientes es tan difícil deshacer los rumores como volver a meter esas plumas en la almohada.

Cuando te enfrentes a los chismes, podrías responder de forma directa con algo parecido a: «Siento interrumpir, pero no me gusta escuchar chismorreos», o: «Prefiero no escuchar historias sobre compañeros de trabajo que puedan hacerme pensar negativamente sobre ellos». La parte difícil es que tal vez tengas que alejarte de la conversación si esta persona continúa. Como se comentó en el capítulo sobre la trampa de la duda, cuando no nos sentimos muy bien con nosotros mismos y estamos perdidos en la ansiedad, acabamos chismorreando y calumniando a los demás. Saber cómo podemos haber perpetuado estos malos comportamientos en el pasado puede permitirnos un sentido de comprensión y compasión hacia aquellos que siguen cayendo en este patrón.

Estas conversaciones que mantenemos en el trabajo a menudo deben ser valientes. Para contrarrestar un plan de juego materialista, estresado o chismoso en la oficina, necesitamos trabajar con nuestra mente y nuestro corazón a fin de estar por encima de esa negatividad. En todas las situaciones anteriores estamos aprendiendo a alejarnos de los desencadenantes estresantes el tiempo suficiente para reconectar con nuestro propio sentido de bondad fundamental. Cuando nos damos cuenta de nuestra bondad inherente, llevamos nuestra propia energía de bondad, decencia y respeto a cada interacción que tenemos desde el momento en que entramos por la puerta hasta el último correo electrónico que enviamos por la noche. Si logramos hacerlo, experimentaremos el éxito, quizá no de forma convencional, pero sí de forma profundamente espiritual. Así, convertimos nuestro lugar de trabajo en un campo de entrenamiento para transmutar el estrés en despertar.

34. No hables sin pensar

El caballo más veloz
no puede superar a la palabra una vez pronunciada.

Proverbio chino

El punto de vista del Vajrayana es que todo lo que encontramos puede ser tratado como sagrado. Lo que comienza en la mente a menudo se manifestará en nuestro discurso y actividad. Si la mente está abierta y presente, entonces nuestro discurso y actividad fluirán sin problemas desde ese estado. Si la mente ha sido tomada por la ansiedad, entonces nuestro discurso y actividad se moverán en esa dirección. Eso significa que cada vez que abramos la boca, podemos pensar que es una ocasión para promover nuestro propio despertar o para dejarlo correr y causarnos daño a nosotros mismos y a los demás.

Tradicionalmente, hay unos cuantas cosas inaceptables articuladas por el Buda cuando se trata de expresarnos en una conversación. Si nos remontamos a las enseñanzas fundamentales que ofreció, vemos que enseñó lo que se conoce como el

Óctuple Sendero, que nos ayuda a despertar de nucstro sufrimiento. Uno de los aspectos del Óctuple Sendero se conoce como lenguaje sabio. El lenguaje sabio significa que reconocemos que las palabras pueden crear felicidad o sufrimiento y podemos tratar de utilizar nuestro discurso de manera útil. Esto significa que debemos evitar:

- Mentiras.
- Chismes.
- Calumnias.
- Palabras crueles.
- Lenguaje ofensivo.
- Palabras que dividen a las personas entre sí.
- Discurso ocioso (palabras que podemos decir simplemente para llenar el espacio).

Ahora bien, supongo que puedes mirar esta lista y pensar: «Está bien, en realidad no hago mucho de eso». Pero cuando analizamos realmente nuestro comportamiento, podemos ver que tenemos trabajo por delante. Por ejemplo, cuando llegaste tarde la otra noche, al dar explicaciones a tus padres, a tu compañero de cuarto, a tu pareja o a tu hijo, quizá intentaste convercerlos de que habías llegado más temprano de lo que era verdad. O quizá, cuando un amigo te ha preguntado por alguien con quien solías salir, has dicho algunas cosas que sabías que darían una imagen especialmente negativa de esa persona a tu amigo. Estas son solo dos de las millones de maneras en las que, sin quererlo, podemos romper con el lenguaje sabio. Por eso ha sido una brillante disciplina desde hace 2.600 años: para que la practiquemos.

Por supuesto, no es que los budistas hayan acaparado el mercado sobre cómo mantener una buena conversación. Todos los libros de etiqueta publicados nos ofrecen consejos sobre este tema. Aunque ahora se considere increíblemente anticuado, el *Libro de etiqueta de Vogue* de 1948 publicó una excelente lista de cosas que hay que evitar, entre las que se incluyen:[59]

- Hablar en idiomas que otras personas presentes no pueden entender.
- Dejar a miembros del grupo fuera de la conversación.
- Monólogos autocomplacientes.
- Elección de temas sobre los que solo pueden hablar algunos miembros del grupo.
- Afirmaciones categóricas sobre cuestiones morales o éticas.
- Atacar la tradición religiosa, la nacionalidad, el partido político o la raza de otra persona.

De nuevo, mucho de esto es de sentido común hasta que nos vemos envueltos en una conversación en una fiesta y nos despertamos al día siguiente muy angustiados por haber dicho esa cosa tan desafortunado a un completo desconocido.

Después de mencionar una serie de cosas que podríamos evitar en la conversación, me gustaría compartir algunas sugerencias sobre lo que podríamos hacer activamente en la conversación para pasar de la ansiedad a una esfera en la que nos sintiésemos bien. Lo primero que podríamos hacer en una conversación es escuchar profundamente a la otra persona. Como dice el proverbio chino: «Dos buenos habladores no valen un buen oyente». El mero hecho de escuchar a alguien y hacer las preguntas adecuadas permite al que habla relajarse en la conversación de forma significativa porque sabe que será escuchado.

La escucha profunda es una práctica genuina. Del mismo modo que nos centramos en la respiración en la práctica de *shamatha*, aquí el objeto de nuestra atención es el sonido de la voz de la otra persona. Esto significa que, cuando surgen pensamientos como: «¡Estoy de acuerdo!» o «Tengo que compartir esta historia con ella/él», no solo no interrumpimos, sino que reconocemos esos pensamientos y volvemos a escuchar a la otra persona. No planeamos lo que vamos a decir cuando nos toque el turno ni elaboramos una estrategia para solucionar el problema que nos están planteando: tan solo escuchamos. Cuando nos toque hablar, tendremos una comprensión más completa de lo que está pasando y podremos hablar desde el momento presente y nuestra propia conciencia intuitiva, lo que acabará siendo mucho más beneficioso.

Lo siguiente puede ser ofrecer aspectos de tu vida que te parezcan significativos. No es necesario presumir de nuestros muchos logros. En su lugar, reflexiona sobre algo que te haya llenado ese día o esa semana. Así, es probable que no salga de tu boca: «Me han ascendido» (aunque no hay nada malo en compartir esta noticia con un viejo amigo), sino: «Ayer descubrí este parquecito para perros y me emocioné mucho viendo jugar a los chuchos y a sus dueños». Esta pizca de vulnerabilidad, a través de la revelación de las pequeñas cosas que encontramos significativas, a menudo cambia una conversación a un plano muy positivo.

Esta última parte sobre la conversación no la aprendí de un texto budista tradicional, sino de mi amigo Dev Aujla, que es el tipo de persona que tiene constantemente cinco proyectos diferentes en marcha porque sus intereses son muy variados. En este momento, tiene un interesante papel como reclutador para una gran empresa, acaba de publicar su segundo libro sobre cómo conseguir un trabajo significativo, y la historia de amor entre él y su mujer es tan bonita que acaba de aparecer en *The New York Times.*

Sin embargo, si te lo encuentras en una fiesta, nunca te hablará de sus muchos logros. Te hablará de una clase que está tomando a través de un grupo que encontró en internet, o de una interesante lectura de un libro a la que acaba de asistir, o de cómo su madre estuvo recientemente en la ciudad y lo que hicieron juntos. Estas son las cosas que entusiasman a Dev y, por lo tanto, estas son las cosas que aporta para formar una conexión de corazón con otras personas. Cuando se le ofrece la oportunidad de relacionarse con alguien a través de una conversación, se dirige a la otra persona con un sentido de vulnerabilidad. Como resultado, Dev tiene muchos amigos que lo consideran genuino y sienten que pueden ser abiertos y honestos con él.

Ahora bien, si una conversación toma un cariz desagradable y la otra persona nos pregunta algo que nos resulta incómodo abordar, no hace falta que sigamos su discurso solo para ser buenos. Si alguien te pregunta: «¿Por qué dejaste tu trabajo tan abruptamente? Era un trabajo de ensueño», tal vez quieras seguir el consejo del columnista de *The New York Times* Philip Galanes respondiendo con la pregunta: «¿Por qué lo preguntas?». Dice: «Es mi recurso para las preguntas entrometidas. Es como decir, amablemente: "¿Por qué crees que tienes derecho a preguntarme esto?". Mucha gente entra en razón y redirige la conversación».[60] Mientras enseñaba en un largo retiro de meditación con mi amiga Susan Piver, se me ocurrió un acrónimo para esta situación en su honor: SUSAN (por sus siglas en inglés):

Stop: haz una pausa en la conversación para dejar claro que la dinámica de la misma ha cambiado.

Comprender (*Understand*): haz preguntas a esta persona para entender por qué la conversación está yendo en esta dirección. Si no es «¿Por qué lo preguntas?», tal vez puedes decir: «¿Qué te hizo pensar en eso?» o «¿Es este el mejor momento para discutir la situación?».

Ofrece (*Speak*) una respuesta clara y precisa.

Reconoce (*Ackowledge*) lo que han dicho: «No sé si estoy entendiendo bien lo que me has dicho...».

Observa (*Notice*) cómo te sientes: después de tratar de aclarar las motivaciones de la otra persona, ¿te sientes animado para seguir hablando? Si no es así, puede ser una buena idea terminar la conversación.

Un simple «Me encantaría que nos pusiéramos al día en otro momento» puede ser suficiente, y si no quieres volver a verla, un: «Ha sido muy interesante conocerte» es lo más sincero. Quizá esté equivocado, pero creo que poder explorar las excentricidades de cualquier persona es, como mínimo, interesante.

Una nota al margen sobre el correo electrónico

Muchos de nosotros hemos mirado fijamente la pantalla del ordenador, leyendo y releyendo un mensaje antes de pulsar el botón de enviar, para asegurarnos de que nuestra perspectiva se va a poder leer bien y con claridad. Esto puede estresarnos.

¿Por qué? Bueno, este mensaje lo está recibiendo alguien y no sabemos cuándo lo leerá, cómo reaccionará cuando vea (otro) correo electrónico en su bandeja de entrada o cómo se sentirá cuando haga clic en abrirlo. Aunque hemos llegado a confiar en esta forma de comunicación para todo, desde una nota de «¡Hola! ¿Cómo estás?» hasta para compartir grandes noticias o realizar rápidas transacciones comerciales, muchos de nosotros no hemos considerado cómo manejar esta herramienta de comunicación de manera hábil.

En resumen, podemos tratar el correo electrónico como una extensión de la palabra. Es conveniente tener siempre en cuenta que las palabras que ofrecemos serán recibidas por alguien sin tono de voz ni expresiones faciales, por lo que debemos elegirlas cuidadosamente.

Una cosa que me ha parecido importante en mi trabajo es recordar que detrás de cada correo electrónico hay un ser humano que sufre, que está pasando por sus propias cosas hoy, grandes o pequeñas. Si recibes un correo electrónico escrito con estilo áspero, piensa que puede que la persona que te lo envía está pasando por un mal momento y no tenga nada que ver contigo. En cuanto al envío, antes de hacer clic en «Enviar», tómate un momento para considerar cómo puede ser recibida tu nota y (en la medida de tus posibilidades) el tono de tus palabras, y comprueba si necesitas cambiar algo. También puede ser útil decir solo lo que le dirías a alguien –o incluso sobre alguien– si estuviera delante de ti.

Otro punto a tener en cuenta tiene que ver con el trabajo sobre las emociones que hemos realizado anteriormente en este libro. No recomiendo enviar nada cuando te sientes presa de la ira o de cualquier otra emoción fuerte. En cambio, podemos sentarnos con esas emociones, llevándolas al cojín de meditación. Confucio declaró una vez (mucho antes de que existiera el correo electrónico): «Si estás contento, no prometas nada. Si estás enfadado, no envíes una carta». En otras palabras, no dejes que tus emociones te dicten decir algo que desearías no haber dicho. Dado que no puedes predecir el rumbo que tomarán tus palabras, debes elegirlas sabiamente o acabarás creando situaciones más estresantes para ti en el futuro.

Tanto si nos sentamos a cenar con nuestro cónyuge como si estamos a punto de hacer clic en «Enviar» en un correo electrónico o estamos conociendo a gente nueva en una fiesta, podemos empezar a considerar nuestra forma de hablar como una actividad sagrada. A partir de las enseñanzas fundamentales del Buda sobre la palabra sabia, podemos aprender a no perpetuar el sufrimiento (tanto el nuestro como el de la persona con la que hablamos) e incluso empezar a utilizar nuestras palabras de forma beneficiosa y amable. Cuando descansemos en nuestra propia experiencia de bondad fundamental, es más probable que veamos a las personas por lo que realmente son, que las elogiemos y que les ofrezcamos palabras de aliento. Cuando nos quedamos en la ansiedad, podemos acabar rechinando los dientes, esperando que la otra persona se calle para poder hablar por fin solo de nosotros mismos y de nuestros problemas. Al haber trabajado con la mente, descubrimos que contamos con la libertad de manejar nuestras palabras como una herramienta para beneficiarnos a nosotros mismos y a los demás, profundizando las conexiones del corazón y permitiendo que este mismo momento, esta conversación, sea la experiencia que nos transforme de ansiosos a despiertos.

35. Errores y disculpas

Como somos seres humanos, cometemos errores.
Hacemos sufrir a los demás.
Hacemos daño a nuestros seres queridos y nos arrepentimos.
Pero sin cometer errores, no hay forma de aprender.

THICH NHAT HANH, *Cómo amar*[61]

Todos cometemos errores (el Señor sabe que yo los he cometido). ¿Qué hacemos cuando eso ocurre? ¿Replegarnos en la ansiedad y la culpa, dejando que nos carcoman? ¿O dar un paso al frente y apoyarnos en el nerviosismo que podamos sentir en torno a la situación e intentar arreglar las cosas, quizás incluso pidiendo disculpas?

Siempre que he herido involuntariamente a alguien o he metido la pata, pienso en nuestro amigo del siglo XI, el maestro budista Atisha. No porque se sepa que Atisha metiera la pata (aunque era humano, así que debió hacerlo), sino por una última máxima que quiero ofrecer: «Concentra todas las culpas en una sola». Es decir, tenemos que analizar nuestro papel en cualquier situación y hacernos cargo de nuestra mierda. No es fácil echarnos la culpa de todo lo que va mal en nuestras relaciones únicamente a nosotros mismos, pero a menudo es un buen punto de partida si queremos avanzar en los errores cometidos e, idealmente, enmendarlos.

Como ya he mencionado, estoy escribiendo gran parte de este libro durante la pandemia del coronavirus de 2020. Durante este tiempo, millones (¡millones!) de personas están confinadas en sus casas y muchos de nosotros no estamos acostumbrados a estar en espacios tan reducidos con nuestros seres queridos durante tantas semanas seguidas. Mi mujer y yo nos llevamos muy bien y estamos acostumbrados a trabajar juntos en casa, a navegar por el espacio y a limpiar lo que ensuciamos. Sin embargo, después del primer mes, yo estaba limpiando la caja de arena de los gatos y ella empezó a jugar el peor juego de pareja del mundo: «¿Por qué lo haces así?». Por lo visto, limpiar la caja de arena en el fregadero de la cocina no es tan buena opción como hacerlo en el retrete y, cuando sacó el tema, le contesté bruscamente, haciéndole saber en términos concretos que no había pedido su ayuda.

Ella se retiró y yo me arrepentí inmediatamente de haber reaccionado de forma exagerada a su empujón. Tras darme cuenta de que mi reacción había sido precipitada y de que había experimentado una falta de confianza, me disculpé. No es de extrañar que me perdonara rápidamente. Al disculparme incluso por esta pequeña transgresión, me estaba exponiendo de una manera algo vulnerable, lo que muy a menudo conduce a una voluntad compartida de ser vulnerables juntos y sanar desde ahí, en lugar de hacerlo desde una posición de defensa. De este modo, echar toda la culpa a uno mismo es en realidad una forma práctica de cambiar la dinámica de la agresión hacia los demás.

Pedir disculpas –ya sea por la arena del gato o por algo mucho más serio– es una práctica de humildad y de relajación de nuestros puntos de vista fijos. Es una verdadera práctica espiritual, en mi opinión, que incluye la renuncia al ego y la voluntad de conectar desde un lugar de auténtico arrepentimiento. Es algo en lo que he mejorado a lo largo de los años, desde pedir disculpas a mis padres por ser un mocoso cuando era más joven hasta disculparme con mujeres con las que fui insensible o hiriente a los veinte años. El congresista John Lewis, durante una entrevista, dijo una vez: «Tenemos que evolucionar a ese plano, a ese nivel en el que no nos avergüenza decir a alguien: "Te quiero. Lo siento. Perdóname. ¿Me perdonas, por favor? Perdóname"».[62]

Otra forma de ver esta idea es a través de la lente de una máxima de Baltasar Gracián: «No conviertas una metedura de pata en dos».[63] La primera metedura de pata en una situación puede ser pequeña, como olvidar el cumpleaños de un amigo, que pasó sin avisar, o grande, como acostarse con la esposa de ese amigo en dicho cumpleaños. En cualquier caso, has cometido un error. Lo mejor es no seguir cometiendo más errores. En este caso, el segundo error sería no tratar directa y adecuadamente la situación y no enmendarla.

Me gusta señalar que toda la comprensión que tengo del budismo proviene de estudiar a los pies de grandes maestros de sabiduría y, si hay que cometer un error en el camino espiritual, lo he cometido. A veces ha sido en mis negocios, asociándome con personas con las que probablemente no debería haberme asociado, o en mi vida romántica (sobre todo cuando estaba soltero). Sin embargo, siempre que he podido enmendarlo, he tratado de hacerlo, aunque las cosas no siempre acabaran como yo pensaba.

Los errores ocurren. Forman parte de la vida. Lo ideal sería que cuanto más nos familiaricemos con nuestra mente y nuestra bondad fundamental a través de la práctica de la meditación, menos nos despistaremos y menos errores cometeremos en el resto de nuestra vida. Como resultado de mi práctica de meditación, cometo menos errores y menos dañinos ahora que hace siete o diez años. Pero cuando se comete un error, podemos seguir el consejo de Atisha y reconocerlo, cargando la culpa sobre nuestros propios hombros, y siguiendo el consejo de Gracián, relacionarnos con la situación de forma adecuada.

Pero ¿qué hacer cuando eres tú el perjudicado por otro? Desgraciadamente, en un nivel relativo, el consejo de Atisha solo llega hasta cierto punto. Puedes examinar tu papel en cualquier altercado que se haya producido, pero si no encuentras ninguna culpa con la que cargar, puede que tengas que aguantarte o hablar desde un lugar de amabilidad. En cuanto a aguantarte, el columnista de temas de etiqueta John Bridges escribió una vez: «Cuando un caballero ha sido objeto de un insulto consciente, ya sea en público o en privado, su respuesta es sencilla: como es un caballero, no dice nada en absoluto».[64]

A veces es difícil morderse la lengua, pero si alguien no está en un momento de su vida en el que pueda ver la ofensa causada, o si se la señalas y no es lo suficientemente consciente como para intentar enmendarla, puedes optar por desearle lo mejor y no pasar más tiempo con él del necesario. A veces esto puede parecer mejor que la alternativa, que es exigir una disculpa. ¿Por qué? Bueno, como señaló en una ocasión el columnista de *The New York Times* Philip Galanes: «Recibir disculpas que nos vemos obligados a exigir es tan satisfactorio como cocinar nuestra propia tarta de cumpleaños».[65]

Por otra parte, hay ocasiones en las que se sospecha que no hablar de una situación solo hará que el daño persista o incluso que esa persona lo perpetúe en el futuro. En ese caso, puedes analizar la situación y preguntarte: «¿Cómo puedo abordar este daño desde la bondad?». La amabilidad no consiste simplemente en ser amable; a menudo, parece que decimos algo que otra persona no quiere oír, pero teniendo en cuenta los intereses de todos. A veces, cuando nos sentimos perjudicados, queremos arremeter y hacer que la otra persona se sienta mal consigo misma. Puede que aprenda de la situación o puede que no, pero al menos nos sentimos temporalmente reivindicados. Eso no es realmente bondad porque no estamos tratando de beneficiar a todas las partes implicadas.

En cambio, al hacer la pregunta «¿Cómo puedo abordarlo

desde la bondad?», estás enmarcando tu respuesta en torno a encontrar una manera de que esta persona pueda aprender del dolor que ha causado y, al señalarlo amablemente, permitirle reconsiderar su actuación de esa manera en el futuro. Decir «No estoy seguro de que lo sepas, pero lo que has hecho me ha dolido» abre un diálogo, algo que no ocurre con la versión más corta y vengativa: «Vete a la mierda, gilipollas». Tanto al morderte la lengua como al hablar, no estás descartando a nadie ni cerrándole el corazón; estás considerando su humanidad y viendo cómo arreglar las cosas desde un lugar de *bodhichitta*.

Este aspecto de callar o hablar manteniendo un corazón abierto es la raíz de la cuestión de la bondad fundamental. Si alguien te ha hecho daño, ya sea olvidando tu cumpleaños o acostándose con tu cónyuge, esto no niega que esa persona sea básicamente buena. Posee la misma semilla de despertar, bondad y apertura de corazón que tú. Sin embargo, el hecho de que no esté en sintonía con su bondad y esté muy perdida en su propia confusión y sufrimiento le lleva a actuar de forma perjudicial para ella misma y para los demás. Todos hemos pasado por ello.

Esta es la parte complicada: el hecho de que alguien no actúe desde un lugar de bondad no significa que debamos darnos por vencidos. De hecho, como dijo Chögyam Trungpa Rinpoche en una ocasión: «La esencia del guerrero, o la esencia de la valentía humana, es negarse a renunciar a nada ni a nadie».[66] No renunciar a alguien es tener una actitud muy avanzada. El hecho de que alguien esté sufriendo y, por tanto, actuando y causando dolor a otras personas no significa que esté perdido para el mundo y que no merezca nuestra compasión.

Si puedes recordar la bondad fundamental de los demás en este momento, es más probable que empatices con la otra persona y generes un corazón lleno de compasión. Y al mismo tiempo eso no significa que debas arreglar al otro o pasar tu tiempo convirtiéndolo en tu nuevo proyecto de meditación. Puedes llevar a alguien en tu corazón, desearle lo mejor, y también saber que quizás no seas la mejor persona para relacionarse con él. Esto puede liberarte en gran medida de tu ansiedad por la relación.

Entonces, si esta persona se acerca a ti buscando enmendarse, estarás en una mejor posición para considerar su dolor y sus disculpas que si simplemente la hubieras descartado. Al igual que un carbón caliente, tu propia rabia y amargura no dañan a nadie a tu alrededor cuando te aferras a ellas con fuerza; solo te dañan a ti. Es mejor dejarlas pasar y seguir adelante con tu vida, con las disculpas aceptadas.

36. Viajes difíciles

Algunos, fatigados por sus viajes lejos de casa,
deben sufrir la separación de sus esposas
y de sus hijos, a quienes aman y anhelan ver.
No se encuentran con ellos durante años.

SHANTIDEVA, *El camino del Bodhisattva*[67]

Para algunos de nosotros, viajar puede provocar mucha ansiedad. Tanto si viajamos por trabajo como por placer, la tensión empieza a acumularse mucho antes de subir al avión. En los días previos, sacamos la maleta y empezamos a anticipar las cosas que se nos olvidarán, hacemos ecuaciones científicas a nivel gubernamental en nuestra cabeza sobre el tiempo que necesitamos para llegar al aeropuerto, y nos perdemos en el miedo sobre lo que pasará si la fastidiamos en algún tramo de nuestro viaje.

Con demasiada frecuencia, cuando surge la ansiedad por viajar, tenemos que respirar profundamente y recordar que debemos ser muy pacientes con nosotros mismos. Un consejo concreto que se me ha quedado grabado viene del libro de

Sharon Salzberg *Felicidad auténtica en el trabajo*, donde ofrece dos palabras mágicas para tener en cuenta cuando nos encontramos perdidos en cavilaciones sobre lo que podría salir mal: «Algo pasará». Llegaré a mi vuelo o no llegaré a mi vuelo y haré otras cosas. Algo pasará. Todo saldrá bien.

Cuando te pido que seas paciente contigo mismo, puede que pongas los ojos en blanco (y no pasa nada). Traducida de la palabra sánscrita *kshanti*, «paciencia» en este contexto no es algo que se base en esperar hasta que consigues hacer lo que quieres. Significa relacionarse plenamente con una situación, incluso si la encuentras muy frustrante o incierta.

El gran maestro budista tibetano Dudjom Rinpoche dijo que hay tres formas de practicar la paciencia: permanecer imperturbable cuando nos agreden, asumir con alegría los dolores de la vida y aspirar a una verdadera comprensión de la realidad.

Aunque estás acostumbrado a tener que practicar la paciencia mientras viajas en avión, tren o automóvil, puedes tener en cuenta este principio para asegurarte de que tus experiencias de viaje son oportunidades para crecer en tu camino espiritual.

Viajes en avión

Tal vez seas el tipo de persona que siente que, cuando tu vuelo no va exactamente como estaba previsto, debe ser culpa de alguien y esa persona debería ser arrastrada por las calles por caballos por haberte perjudicado. Ese momento en el que eres la última persona en la recogida de equipajes y te das cuenta de que tu maleta no llega, se ha perdido, y no tienes ni idea de si volverás a verla, puede ser muy doloroso. Y, sin embargo, es el momento perfecto para abrirse a la visión Vajrayana: se te ha entregado una nueva oportunidad de práctica. En lugar de encogerte ante esta situación, puedes ablandarte en tu nueva realidad y responder con paciencia, lo que te permitirá superar esta situación con mucho menos estrés. Cuando Dudjom Rinpoche dijo que podemos practicar la paciencia permaneciendo imperturbables cuando nos agreden, puede que no estuviera pensando en esta situación, pero es un ejemplo moderno y frecuente de una oportunidad de práctica única.

Ya sea que estés subiendo a un avión, atrapado en el asiento del medio con el Sr. Roncador Ruidoso a la derecha y la Sra. Robo de Apoyabrazos a la izquierda, o que estés siendo desairado por el/la auxiliar de vuelo, hay muchas oportunidades para atraparte a ti mismo cuando estás a punto de entrar en una espiral de furia y recordar que esta es la oportunidad para practicar. John Bridges señaló en una ocasión que, mientras estamos en un vuelo, nos convertimos en «un miembro de una pequeña comunidad, una comunidad que tiene sus propias reglas y sus propios códigos de comportamiento» mientras dura el viaje.[68] Como dice el viejo refrán: «La forma en que una persona hace una cosa es la forma en que lo hace todo». Si te presentas en estas pequeñas instancias del viaje desde un lugar de ansiedad e impaciencia, entonces estás cristalizando ese patrón para presentarte en los aspectos más importantes de tu vida desde esa misma perspectiva. Sorprenderte en ese momento y avanzar hacia la paciencia te permite plantar esas semillas para que te presentes con paciencia incluso en los aspectos más difíciles de tu vida. Además, la paciencia es una cualidad que a menudo falta en este tipo de sociedad, pero si puedes llevarla al primer plano de tu imaginación, a menudo tiene un efecto dominante en esos lugares tan cercanos.

Trenes

Hace un momento, mencioné tres formas en las que Dudjom Rinpoche hablaba de la paciencia, incluyendo la forma en que podíamos asumir felizmente los dolores de la vida, y tal vez pensaste que me estaba pasando. Tomemos un ejemplo demasiado común de cuándo es útil esta forma de paciencia. El momento en el que vas en el metro hacia una reunión importante y se detiene por un retraso inexplicable es, en el mejor de los casos, frustrante, y en el peor, aterrador. En ese momento, ¿puedes hacer una pausa y cambiar el guion de «obstáculo a lo que quiero que ocurra» a «practicar la oportunidad» mirando a esas otras personas en el vagón de metro, atrapadas en la misma situación que tú, con un momento de conexión y empatía? Hacerlo puede llevarte a tener un poco más de paciencia y comprensión y a superar la situación mucho mejor.

Tanto si estás en un viaje en tren a través del país como si simplemente intentas llegar al trabajo en el metro, podemos reducir la velocidad y actuar de forma compasiva. Ser conscientes de que estamos todos juntos en esto puede ser alentador y hace que el foco de atención pase de «yo» y «mis preocupaciones» a «estamos haciendo lo que podemos, colectivamente». Algo sucederá. Esas dos palabras mágicas son algo bueno de recordar en esos momentos.

Automóviles

La última forma de paciencia que recomienda Dudjom Rinpoche es cuando miramos la vida en sus propios términos, a menudo traducido como algo muy acorde con la visión Vajrayana: «Aspirar a una verdadera comprensión de la realidad». Esto significa que cuando tus planes de viaje se vayan al traste, puedes dejarlo todo y mirar la realidad no como desearías que fueran las cosas, o como solían ser, sino como son, de una manera no filtrada. Si puedes estar con tu situación tal y como es, tienes la oportunidad de ver tu situación con más claridad y responder desde un lugar de verdadero despertar.

Por poner un ejemplo sencillo, si estás esperando en el coche tratando de ser un buen y paciente cónyuge y tu pareja tarda mucho en prepararse para el viaje, puedes sentirte tentado a aumentar la velocidad en la carretera para recuperar el tiempo perdido. Sin embargo, esto os sitúa a los dos en un peligro innecesario y ahora estás poniendo a prueba la paciencia de tu cónyuge (algo que yo intento hacer lo menos posible), así como la de la agradable anciana a la que has cortado el paso y que ahora te está echando la bronca.

En lugar de eso, cuando nos embarcamos en un viaje en coche, aceptamos que tardará lo que Google diga que tardará, quizás unos minutos más o menos, y nos relajamos. Ir a contrarreloj no es una buena imagen para nadie que no sea un jugador de la NBA. Es mejor aceptar la realidad tal y como es y apoyarse en ella con paciencia.

Un ejemplo menos discreto sería que tus planes de viaje se frustraran por completo y te quedaras en una situación colgada e incómoda, varado en algún lugar imprevisto. En este momento, ¿puedes mirar tu nueva realidad y relajarte con las cosas tal y como son? Si has practicado meditación con regularidad, las probabilidades están a tu favor.

Con todas estas reglas de viaje, el denominador común es doble: al utilizar el viaje como medio para practicar la paciencia, nos sentimos mejor con la experiencia, mientras que el segundo aspecto es que empezamos a ser más comprensivos y compasivos con los demás.

Una práctica sobre el terreno para viajar

La próxima vez que te sientas impaciente mientras viajas, tómate un momento para entrar en tu cuerpo. Haz un rápido examen del cuerpo, nota su peso sobre la tierra y la suave elevación de la columna vertebral, y relaja los músculos de la cara dejando que la mandíbula cuelgue. Fíjate en tu respiración y permite que se relaje en su ciclo natural. Luego levanta la mirada y relaja tu mente por un momento. Descansa sin que ningún objeto ocupe tu atención.

A continuación mira a las personas que te rodean. Tómate un momento para contemplar cómo se pueden estar sintiendo y piensa si tú está sintiendo alguna de esas emociones. Si ves que alguien lo está pasando mal, dile en silencio: «Que tengas paz». Comprueba si puedes relajarte sintiendo empatía y comprensión hacia los demás y aceptando que estamos juntos en esto.

37. El amor verdadero en las relaciones

En última instancia, no hay deseo más profundo
que el sencillo deseo de compañía.

GRAHAM GREENE, *May We Borrow Your Husband?*[69]

Lo único que Graham Greene no mencionó en la cita anterior
es que del deseo de compañía surge mucha ansiedad. Veamos
cómo relacionarnos con el estrés que pueden provocar las citas
y las relaciones modernas, y veamos el modo de superarlo para
conectar con el verdadero amor, que fluye sin problemas.

Citas

El libro de Aziz Ansari, *Modern Romance*, detalla un fenóme-
no que se produce cuando las personas se sienten atascadas
con el problema de contar con demasiadas opciones cuando se
trata de posibles parejas románticas. Tiene un hermoso capí-

tulo en el que describe una visita a una residencia de ancianos y es testigo de una historia tras otra de personas que conocieron a su cónyuge porque vivían en la misma manzana, iban a la misma escuela pequeña o vivían al final del pasillo en el mismo edificio. En aquella época, el mundo de las personas era relativamente pequeño y las opciones disponibles para un posible cónyuge eran limitadas.

Hoy en día hay infinitas formas de buscar el amor. Juan, un miembro de la comunidad de MNDFL, estaba utilizando la aplicación de meditación Insight Timer y se dio cuenta de que había una mujer que meditaba a la misma hora que él, pero en Noruega. Podéis imaginar mi sorpresa cuando me la presentó unos meses más tarde, tras haber conectado con ella a través de la aplicación y la invitó a quedarse con él para probar una relación. Si estamos en el punto en el que conocemos parejas potenciales en aplicaciones de meditación, sabremos que hemos entrado en el reino de las posibilidades ilimitadas.

Con las posibilidades ilimitadas aparentemente viene el estrés ilimitado. ¿Cómo sabes que alguien es un buen partido? ¿Por una foto de un cachorro (o, Dios no lo quiera, un tigre) en una aplicación de citas? ¿Por sus bromas coquetas en los mensajes de texto? ¿Por hablar con esa persona y escuchar el sonido de su voz? Puede que esté chapado a la antigua, pero hoy en día la única manera de sacarnos de la cabeza cómo podría ser alguien es ver cómo es realmente sentándose con él o ella en persona.

Cuando se trata de llevar nuestra mente meditativa a la

ecuación de las citas, que es un tanto estresante, tenemos que darnos cuenta de que la persona con la que nos sentamos merece nuestra presencia desde el momento en que comenzamos el cortejo (ya sea que nos conozcamos en una aplicación o en una fiesta) hasta la disolución de nuestro tiempo juntos.

En un nivel práctico, esto significa que cuando te sientas con esa persona puedes sintonizar con tu cuerpo y notar cómo te presentas ante ella. Incluso la forma en que mantienes tu postura puede invitar o rechazar la presencia de la persona que tienes delante. Puedes probar a adoptar una postura digna pero relajada, como harías en la meditación.

Una forma de pensar en esto es reflexionar sobre los consejos que recibía cuando era niño. Mis instructores de meditación me decían que meditara del mismo modo que un rey o una reina se sientan en su trono. Incluso pensar en este consejo en la comodidad de mi casa me hace sentarme un poco mejor ante mi portátil. Equilibrar la relajación con la apertura en nuestra forma física muestra al otro que estamos receptivos a lo que es y a lo que dice.

Para ir un paso más allá, puedes practicar la escucha profunda, centrando tu atención en la conversación y estando totalmente presente en ella, como se ha comentado antes en esta sección. En lugar de centrarte en tus ideas fijas de: «¿A dónde lleva todo esto?» o: «¿Le gusto?», puedes dejar de lado tus intereses particulares y sentir auténtica curiosidad por tu cita. Tanto si sospechas que vas a querer salir con esa persona durante años como si solo será una cita de una noche, intenta estar presente hasta el punto de dejar de lado esos pensamientos sobre el futuro y encontrar algo que puedas disfrutar de su compañía. El hecho de que no estés deseando casarte con esa persona al final de la noche no significa que debas dejar de pensar en ella; puedes encontrar un gran placer en el simple hecho de conocer a otra persona.

Hace un momento mencioné la posibilidad de dejar de lado nuestras opiniones fijas sobre alguien y, si yo fuera tú, intentaría luchar contra mí en este tema. «Pero, Lodro –podrías decir–, en realidad es muy importante para mí que un potencial cónyuge…» y podrías rellenar el espacio en blanco con cualquier número de contenidos y características.

Hagamos un ejercicio rápido: redacta una lista de todo lo que querrías encontrar en una cita ideal. Escríbelo en un papel. Puedes enumerar sus atributos físicos, su disposición e incluso sus aficiones. A continuación, mira lo que has escrito detenidamente, empapándote bien de todo ello. Por último, arruga el trozo de papel y quémalo de forma segura.

Aunque pueda parecer un poco dramático, muchos de nosotros nos perdemos en nuestras expectativas fijas de lo que creemos que necesitamos en una persona para ser felices saliendo con ella. Esta fijación significa que no pasamos el tiempo de una manera abierta, ya que somos inquisitivos con las personas que conocemos, porque estamos constantemente buscando marcar una serie de casillas para determinar si esa persona es la pareja «ideal» que andamos buscando. Al quemar esta lista de expectativas, nos desprendemos de nuestras ideas habituales de lo que queremos y estamos más disponibles para el mundo y las personas que nos rodean. Estamos más dispuestos a intentar conectar con la bondad fundamental de todas las personas que conocemos. Pruébalo y comprueba si estás más abierto a conocer gente nueva y si estás dispuesto a explorar simplemente qué forma de conexiones surgen.

Relaciones a largo plazo

Abriré esta sección diciendo que no se trata solo de ti, sino literalmente de todas las personas en una relación a largo plazo sobre la faz de la tierra. En algún momento, te despiertas junto a la misma persona, ya sea la milésima o la diezmilésima vez, y tu primer pensamiento no es: «Vaya, ¿quién es esta criatura mágica?», sino: «¿Por qué nunca puede apagar su propia alarma?». Sí, has llegado a un punto en el que puedes haber empezado a dar por sentada tu otrora gloriosa cita convertida en pareja romántica a largo plazo.

Es normal. No eres un monstruo por enfadarte con tu pareja por las pequeñas cosas de vuestra vida en común. Mi querida amiga, autora y maestra budista Susan Piver cuenta una gran historia en la que entraba en la cocina y se enfadaba en el momento en que veía a su marido de muchos años de pie, removiendo mal la sopa. ¿Sabías que hay una forma correcta y otra incorrecta de remover la sopa? Al parecer, la hay y el marido de Susan no conocía la diferencia. ¿Significa esto que ella no lo ama? Por supuesto que no. Es solo un ejemplo de cómo nuestras parejas románticas a largo plazo son a menudo la mejor molienda para el molino de nuestra práctica espiritual, ya que probablemente serán el punto de partida de un montón de neurosis. Rainer Maria Rilke señaló que una cosa es enamorarse y otra mantener el amor cuando dijo: «Que una persona ame a otra: esa es quizá la más difícil de todas nuestras tareas».

Tu cónyuge te sirve de espejo de feria, no solo reflejando sino también distorsionando algunas de las confusiones y aflicciones que ya surgen en tu propia mente. ¿Cuántas veces te has puesto a gritar a tu pareja y luego has admitido (a ti mismo o a él/ella) que no es culpa suya, sino que el problema es que tienes un montón de historias estresantes en tu cabeza?

¿Por qué nuestros cónyuges suelen ser los destinatarios de nuestra ingratitud y desprecio? Supuestamente, ¡queremos a esas personas! La respuesta corta es que, con el paso de los meses o los años, hemos descuidado las herramientas básicas que pretendemos desarrollar durante nuestra práctica de meditación; ya no trabajamos para ser amables, estar presentes o ser inquisitivos con ellos. Cuando cortejamos a esta persona por primera vez, la tratamos como un invitado de honor en nuestra casa. Ahora puede sentirse a veces como el invitado no deseado de fuera de la ciudad.

Cuando empezamos a salir con alguien, todo es una exploración. Escuchamos activamente cada palabra que dice, empapándonos de la cultura de esta nueva persona. Como todo parece nuevo, pensamos que es la persona más singular e interesante que hemos conocido.

A medida que vamos conociendo a esta persona, creemos que, bueno, la conocemos. La totalidad de lo que es. Creemos que una persona es una entidad fija que nunca cambia ni desarrolla nuevos intereses. Por ejemplo, cuando mi mujer y yo empezamos a salir, me hizo ver las escenas de amor cotidianas representadas por el artista coreano Puuung. En su siguiente cumpleaños, la sorprendí comprándole una funda de móvil con una de estas escenas. Pero hace un tiempo me di cuenta de que la había cambiado por otra nueva.

¿Debería haberme enfadado con mi esposa porque despreció mi regalo después de unos años de uso? Por supuesto que no. Me di cuenta de que quizá estaba harta de mirar siempre a Puuung después de años de hacerlo. Es una belleza cambiante y en evolución, cuyos intereses, al igual que muchos aspectos de su ser, probablemente hayan cambiado con el tiempo. Un problema peor que un regalo descartado es que no he investigado qué artistas le gustan ahora. Como puedes ver, lo que podría ser una molestia mundana por mi parte, en realidad me reveló una de las muchas maneras en que estaba dando por sentada a mi pareja. Me di cuenta de que si su interés por los artistas había cambiado, sus preferencias musicales, los amigos a los que tiene en alta estima y sus elecciones de moda probablemente también lo habían hecho, todo ello mientras yo me aferraba a la idea de ella como una entidad que «conozco».

Hemos hablado mucho sobre la falta de ego y el vacío; creemos que somos una cosa y que el mundo que nos rodea es otra. Creemos que ambos existen de forma sólida y fija. Sin embargo, en realidad sabes que estás cambiando de forma constante. Probablemente no me discutirías que no eres la misma persona que hace años y que probablemente serás una persona muy diferente dentro de unos años. Física, mental y emocionalmente, estás en constante cambio.

Esta sólida sensación de «yo» que tienes es, en realidad, un conglomerado de cinco agregados: todo lo que crees que es tu forma física, tus sentimientos, tus percepciones sensoriales, la manera en que te formas conceptos sobre lo que percibes y una sensación coordinada de «yo» que hace que todo sea sobre ti, tú, conmigo. Así, cuando miras a tu novio, lo que ves es tu concepto de tu novio, no su verdadera naturaleza. Sin embargo, él es igualmente un conglomerado cambiante de estos cinco agregados y te está viendo a través de ellos. En medio de esta confusión, nada está tan estancado como lo concebimos. Todos somos mucho más fluidos de lo que normalmente creemos. Abandonar nuestras ideas fijas sobre los demás es un paso hacia la visión sagrada.

El siguiente paso hacia la visión sagrada es darse cuenta de que la única parte fija de tu pareja a largo plazo es su bondad fundamental. Si puedes, incluso cuando estás enfadado, recordar que la persona que amas, en su esencia, es buena, inteligente, amable y fuerte, entonces estarás más dispuesto a darle un respiro. Podrías estar dispuesto a volver a ser inquisitivo con esta persona, viéndola por lo que es hoy en día en lugar de en lo que crees que se ha convertido con los años.

Una forma fácil de adoptar esta actitud es escuchar a tu pareja, ver si saca a relucir temas que no has escuchado antes e investigarlos. Puede que mencione un nuevo *podcast* que está escuchando, o una nueva tienda que ha visitado, o incluso un nuevo cliente en el trabajo. Se trata de puertas de entrada para explorar cómo se relacionan con su mundo de forma diferente. A partir de estos puntos de acceso, es bueno comunicar cómo los has escuchado, aclarando y ampliando la conversación añadiendo tus propias reflexiones. De este modo, el eco de la conversación permite a tu pareja saber que respetas lo que ha dicho, que te esfuerzas por conocerla de nuevo y que quieres entenderla tal y como es ahora. Aunque pueda parecer cursi, mi mujer y yo a veces nos miramos mientras tomamos el café de la mañana y nos preguntamos sin rodeos: «¿Quién eres hoy?». Esta simple pregunta libera a nuestra pareja de la caja de expectativas fijas que hemos establecido en nuestro corazón y permite que el amor fluya libremente.

Aunque he hablado mucho de presentarse de forma consciente y de ser inquisitivo sobre la otra persona, gran parte de la atención y la compasión en una relación se reduce a relajarse lo suficiente para tener el tiempo y el espacio necesarios para disfrutar del otro. Cuando estás realmente presente con tu cónyuge, la ansiedad por lo que pueda traer el futuro se disuelve. Del mismo modo que puedes volver a la respiración durante tu práctica formal de meditación, puedes volver a lo que estés haciendo con tu pareja. En estas relaciones íntimas, nuestra presencia suele comunicar más de lo que las palabras pueden expresar. El silencio del café de la mañana crece hasta sentirse cómodo, porque nos relajamos juntos y nos damos espacio para ser simplemente la totalidad de lo que somos.

38. Cuando el mundo de nuestro ser querido se desmorona

El amor puede tener una cualidad duradera
cuando lo convertimos en una práctica espiritual consciente.

Su Santidad el Karmapa, *Ogyen Trinley Dorje, The Heart is Noble*[70]

Está la ansiedad cotidiana y la ansiedad producto de que la vida se haya desmoronado por completo. Estas palabras pueden significar cosas diferentes para cada persona: puede ser la pérdida de un trabajo, la muerte repentina de un ser querido, una ruptura inesperada o un divorcio. En cualquier situación de este tipo, cuando nos siegan la hierba bajo los pies, una emoción que puede surgir junto con el estrés y la ansiedad es la pena.

Hace poco recibí un correo electrónico de una persona que hizo un retiro de meditación conmigo hace unos años. Era bastante largo y contenía mucho dolor, el suyo propio, pero también sentimientos de desesperación y miedo por la sociedad. El correo electrónico culminaba en un punto álgido, donde escribía: «¿Qué pasa con toda la gente con un gran corazón? Se suicida», y tengo que decir que leer esas palabras me hizo llorar.

Me gusta mucho esta mujer. Es dura y justa; una vez me llamó gilipollas cuando una enseñanza concreta que le ofrecí era demasiado simplista para su gusto. Pero le respondí, según ella, con humildad, y la experiencia nos acercó tanto que cuando me escribió diciendo que lo estaba pasando mal sentí una profunda empatía.

Es realmente difícil vivir en nuestro mundo actual. Thich Nhat Hanh escribió: «Nunca en la historia de la humanidad hemos tenido tantos medios de comunicación –televisión, radio, teléfono, fax, correo electrónico e internet– y, sin embargo, seguimos siendo islas, con poca comunicación real entre nosotros».[71] Colectivamente, parece que solo deseamos que las cosas se muevan más rápido y sean más eficientes y, al mismo tiempo, lloramos y lamentamos la falta de interacción de persona a persona. Como los adolescentes que se rebelan contra sus padres que los apoyan, nos enfadamos con el mismo planeta que necesitamos para sobrevivir. Y, en algún momento, esto llega a ser demasiado para algunas personas y ya no pueden soportarlo y luchan hasta el punto de preguntarse por qué tienen que vivir.

He tenido ideas suicidas en el pasado y trabajo con varios estudiantes de meditación que también las han tenido. La idea de «¿merece la pena esta vida?» es aterradora, y me alegro de que muchos de nosotros estemos en terapia, que puede proporcionarnos herramientas para examinar nuestra propia mente y ver el camino a través de nuestro sufrimiento. Sin embargo, lo que ocurre con la ideación suicida es que suele ser un tema privado. La gente experimenta vergüenza por tener este tipo de pensamientos, así que puede ser tu padre, tu hermana o tu amigo íntimo y puede que nunca sepas hasta qué punto están luchando.

Por mucho que lo deseemos, no podemos agitar una varita de amor y hacer que quienes nos importan se curen, pero podemos ofrecer una presencia continua de amor que, como señala el Karmapa al principio de este capítulo, tenga una cualidad duradera y espiritual. Una forma de cuidar a las personas en nuestras vidas es aparecer para ellas con un corazón y una mente abiertos.

Cuando pasamos mucho tiempo con alguien a quien queremos y apreciamos, hacemos suposiciones básicas sobre esas personas. A no ser que esté llorando por un bache en su carrera, por la pérdida de una relación o por una pena mayor, solemos suponer que está bien y la tratamos considerando que lo está. Sin embargo, todo el mundo sufre, así que debemos ser amables. Estas personas en nuestras vidas, con sus grandes corazones, tienen que cuidar de ellas en estos momentos tan duros de nuestra sociedad. Para sacar nuestra práctica de la benevolencia del cojín, podemos contemplar lo que esas personas a las que amamos están pasando en realidad.

Recuerda a alguien a quien aprecies: un amigo, una pareja, un miembro de la familia o incluso una mascota. Imagínatelo sentado al otro lado de la mesa. Quédate con esta imagen durante un minuto. ¿Cómo está su corazón en este momento? Quizás abierto, tierno o lleno de gratitud. Esta es una de las razones por las que recordamos a estas personas en la práctica de benevolencia: incluso su imagen ayuda a encender el fuego del amor dentro de nosotros.

En la práctica tradicional, damos un paso más: recitamos frases con buenos deseos para ellos. Decimos: «Que seas feliz», y hacemos una pausa. En ese momento, es posible que tu mente acuda a pensamientos como «Espero que tenga un buen cumpleaños esta semana» o «¿Qué haría falta para que fuera realmente feliz?». No son malos pensamientos: estamos contemplando a esa persona en nuestra vida a través de una lente nueva y curiosa. Estamos viéndola de forma fresca y relacionándonos con sus luchas. Al mismo tiempo, deseamos que se libere de cualquier sufrimiento que pueda padecer.

La práctica de la benevolencia entrena la mente y el corazón para ser abiertos e inquisitivos sobre las personas de nuestra vida. La próxima vez que veas a esa persona, fíjate en si escuchas más o si mantienes más espacio en la conversación para que revele partes de sí misma que normalmente no percibes. En el camino Vajrayana, practicamos formas de estar con lo que es, en lugar de esforzarnos demasiado o manipular nuestra experiencia. En este caso, ya no se trata de realizar una práctica de benevolencia, sino de encarnar los ideales del Vajrayana simplemente permaneciendo en un estado de amor despierto.

La práctica de la meditación es maravillosa, pero debemos

darnos cuenta de que realmente estamos practicando los principios de la atención plena y la compasión durante el resto de nuestra vida. Consideramos a las personas cercanas a nosotros, con su gran corazón, y aprendemos a no darlas por amortizadas. Vemos su sufrimiento y su bondad, y abrazamos su totalidad. Thich Nhat Hanh dijo una vez: «Para amar a alguien, tienes que estar ahí para él al cien por cien. El mantra "Estoy aquí para ti" dice que me preocupo por ti, que disfruto de tu presencia. Ayuda a la otra persona a sentirse apoyada y feliz».

Con demasiada frecuencia, cuando nos detenemos y consideramos la vida de nuestro ser querido, revelamos que hay muchas cosas que tendemos a pasar por alto. Lo beneficioso en este caso, una vez considerada la perspectiva del otro, es comprometerse con él desde un lugar de indagación compasiva. Podemos empezar con un «estoy aquí para ti», pero algunas preguntas que me han parecido útiles son las siguientes:

¿Cómo puedo ayudar?
¿Cuál es el miedo en torno a este asunto? ¿Hay alguna forma en la que pueda ayudarte a abordar tu miedo?
¿Cómo te hace sentir tu situación?

Cuanto más inquisitivos seamos con este ser querido, más podremos trabajar con él para desenterrar y sanar su sufrimiento. Además, es útil celebrar quién es como persona. Compartir al menos tres cualidades positivas que hayas observado en él o ella puede provocar un sentimiento de aprecio por haber sido tenido en cuenta.

La benevolencia es una forma de considerar con seguridad a estos seres queridos desde el cojín de meditación. Cuanto más tiempo dediquemos a considerarlos, más perspectiva tendremos para apoyarlos adecuadamente a largo plazo. Estas personas, con sus grandes corazones, a veces pueden sufrir de verdad, así que depende de nosotros presentarnos ante ellos de la forma más genuina y con la mayor consideración posible.

¿Y si eres tú quien ha visto su mundo desmoronarse? Tal vez este, ahora mismo, sea el momento de tender la mano a uno de esos buenos amigos con un gran corazón. Incluso puedes decir: «Estoy sufriendo. ¿Puedes ayudarme?».

39. La ansiedad
y la familia moderna

Si crees estar tan iluminado,
vete a pasar una semana con tu familia.

RAM DASS

Hay una comunidad particularmente encantadora y estresante en la que cada uno de nosotros participa desde el momento en que nace: nuestra familia. A diferencia de tu comunidad religiosa, tu club de lectura o tu grupo de amigos, no puedes elegir en qué familia participas. Naces en ella y es tuya hasta el momento de tu muerte. Algunos de nosotros no podríamos imaginarnos sin hablar con nuestra familia cada semana, mientras que otros no se sienten nada cercanos a ella. La medida en que queremos interactuar con nuestra familia, y cómo la definimos, depende de cada uno, pero es algo en lo que realmente no podemos evitar participar, de una manera u otra.

La serie de televisión *Modern Family* muestra las travesuras de una familia numerosa que consta de varias iteraciones: el abuelo/padre (que está en su segundo matrimonio y tiene un hijastro y un hijo en ese segundo matrimonio), una hija (que forma parte del estereotipo de «familia nuclear», ya que está casada con un hombre y tienen tres hijos juntos) y un hijo (que está casado con otro hombre y ha adoptado una niña).

La premisa básica de la serie (y mi larga explicación de la misma) demuestra que hoy en día la familia es lo que hacemos de ella; no se trata de quién salió de la vagina de quién. Es más fluido que eso. La experta en etiqueta Millicent Fenwick, allá por 1948, definió la palabra *hogar* como «una unidad, un grupo de personas unidas que viven bajo el mismo techo».[73] Me gusta esta forma de pensar en un hogar porque algunos de nosotros podemos considerar familia a nuestro compañero de piso, o a nuestros amigos íntimos, o al perro que adoptamos. Independientemente de cómo definas a tu familia y a la sociedad de tu hogar, es probable que ya conozcas (por haber leído hasta aquí el libro) la importancia de encontrar formas significativas de presentarte ante ella y de reconocer la bondad inherente a tu situación familiar.

Hay muchas etapas de relación con los miembros de nuestra familia. Cuando somos niños, aprendemos de ellos lo que es apropiado y amable y lo que no. Son nuestros primeros maestros espirituales, para bien o para mal. En mi caso, mis padres llevaban una década de práctica budista cuando yo nací. Como resultado, fueron capaces de encarnar los principios de la atención plena y la compasión de manera que los interioricé subconscientemente sin que tuvieran que decirme que eran cosas que uno podía considerar prioritarias en la vida. Por ello, estoy muy agradecido. Para algunos de nosotros, nuestros mayores fueron extremadamente amables y estuvieron presentes; para otros, pueden haber sido poco amables o estar ausentes.

A medida que envejecemos y nos aventuramos en el mundo, estamos expuestos a muchas perspectivas nuevas que pueden cuestionar algunos de los valores con los que fuimos criados. Una querida amiga mía, Yael Shy, dirige la Global Spiritual Life (comunidad de Vida Espiritual Global) en la Universidad de Nueva York. Cada año, ella y su equipo ofrecen apoyo espiritual a todos los estudiantes, pero puedo decir que siente especial ternura por los recién llegados. Hay un momento en el que los jóvenes de dieciocho años llegan a la universidad y rápidamente se dan cuenta de que los valores que tenían cuando crecían no son compartidos por todos.

A medida que maduramos, podemos reflexionar sobre los principios con los que nos criamos y actualizarlos a una versión adulta de la espiritualidad que experimentamos de niños, o pasar a una exploración por completo nueva de una tradición diferente. En cualquiera de los casos, cuando somos adultos tenemos ese momento en el que nos damos cuenta de que los valores que apreciamos han sido formados en parte por nuestra familia, pero también han sido influenciados por amigos, profesores, mentores, líderes espirituales, etc.

Entonces volvemos a casa para visitar a nuestra familia.

Creemos que tenemos una nueva oportunidad en la vida, una nueva comprensión de la naturaleza del universo, y creemos que sabemos cómo funcionan las cosas. Estamos listos para mostrar la nueva y evolucionada versión de nosotros mismos a nuestra familia. ¿Qué ocurre entonces? Si eres como yo, en cuanto entras por la puerta, caes en los mismos patrones en los que te criaste y, a los diez minutos, puede que te estés quejando de que no quieres sacar la basura en el mismo tono que lo hacías cuando eras un adolescente huraño.

Esta es la regla básica del karma: tenemos muy arraigadas formas habituales de considerarnos a nosotros mismos, a nuestros seres queridos y al mundo que nos rodea, y estas ideas nos impulsan a hacer el mismo tipo de cosas una y otra vez, a menos que cortemos con ese patrón particular. Desde el punto de vista budista a largo plazo, llevamos vidas enteras reproduciendo los mismos patrones de pasión, agresión e ignorancia en varias versiones de nuestras familias. Dicho esto, no es necesario creer en múltiples vidas para saber que cuando te quejas como un adolescente a tu padre es porque tú solías quejarte como un adolescente a tu padre.

Todos tenemos nuestros propios patrones profundamente arraigados con nuestras familias. Es la configuración por defecto de cómo nos relacionamos con los demás, quién tiene qué papel y cómo nos expresamos amor. Hay dinámicas específicas entre padres e hijos, hermanos, primos, etc. Y si no tenemos cuidado, seguiremos repitiendo estos patrones y dinámicas por pura pereza.

Si la vida fuera un videojuego, creo que el jefe que te espera al final del último nivel sería tu dinámica familiar. Muchas familias tienen una mentalidad de «esto nos ha funcionado hasta ahora; nadie se ha matado» y no quieren salirse de lo habitual.

Sin embargo, si estás harto de relacionarte con tus patrones familiares (negativos y no tan útiles) de la misma manera, puedes recordar el consejo que ofreció antes Chögyam Trungpa Rinpoche: «Todo está predeterminado... hasta ahora». La próxima vez que hables por teléfono con un familiar o lo veas en persona, tienes una oportunidad única para cambiar el flujo de lo habitual.

Puedes presentarte ante tu familiar y encarnar la atención plena escuchando profundamente y volviéndote suavemente inquisitivo sobre su experiencia en un intento de desenterrar una capa de conversación más profunda que la que soléis experimentar juntos. Puedes dejarle espacio para que hable de lo que le preocupa, sin ofrecerle consejos ni juzgarlo, y mostrar tu corazón compasivo. Si estás atascado, francamente, puedes ir a algún lugar nuevo y probar algo diferente con él/ella: comer una nueva comida, salir a pasear, cualquier cosa que nunca hayáis hecho juntos. Hay un millón de maneras de cambiar nuestra dinámica familiar hacia un nuevo territorio, pero tenemos que salir de nuestra mentalidad habitual para hacerlo.

Cuando nos presentamos ante los miembros de nuestra familia de esta manera, nos adentramos en un territorio incierto y que a veces puede darnos miedo. Tienes una idea de quién es esta persona basada en los muchos años que lleváis juntos. Al cambiar la dinámica de vuestra relación, te adentras en el paisaje que me gusta llamar «¿Es así?». ¿Esta persona que consideras obstinada, o artística, o exitosa, es realmente así? ¿Siempre es así? Al mostrar atención y compasión hacia tu familiar, estás, en esencia, abandonando tu idea preconcebida de quién crees que es y abriéndote a quién es realmente.

De este modo, conectamos con su bondad fundamental. Los vemos por su despertar innato, su bondad, su fuerza y su sabiduría, en lugar de encajonarlos con ideas sobre quiénes deberían ver románticamente o qué deberían hacer en el trabajo. Cuanto más conectamos con su bondad fundamental, más colmados nos sentimos todos. Los patrones negativos anudados en los que hemos confiado durante años se desenredan lentamente y nos dan la oportunidad de conocernos de una manera completamente nueva.

Aunque no veamos a nuestros familiares con frecuencia, podemos acercarnos a ellos de forma que experimentemos que son importantes para nosotros y sigamos haciendo hincapié en mostrar –en lugar de contar– nuestra experiencia de atención plena y bondad fundamental. Estamos aprendiendo que podemos trascender el «hacer» la práctica y simplemente encarnarla, lo cual es parte del camino Vajrayana. Al aprender a empezar de nuevo una y otra vez y al volver a la respiración en nuestra práctica de meditación, nos estamos entrenando para empezar de nuevo y dejar de lado nuestras ideas preconcebidas sobre nuestros amigos, nuestra familia y todos nuestros seres queridos, para poder seguir sondeando las profundidades de nuestra humanidad y bondad compartidas.

Epílogo

Es importante estar presente, porque en este momento,
ahora mismo, tenemos agua potable, aire limpio,
no hay bombas explotando a nuestro alrededor,
tenemos buena salud...
Así que la manera de volver a este momento
es simplemente respirar. Esa es la mejor herramienta.

RuPaul Charles, clase magistral

Aunque no te lleves nada más de este libro, espero que al menos te quede claro que no eres tu ansiedad; eres innatamente entero, completo y bueno tal y como eres.

Los consejos prácticos pretenden que pensemos e intentemos nuevas cosas para beneficiarnos a nosotros mismos, a la gente que encontramos y al mundo en general. Pero primero tenemos que reconocer que la ansiedad no es algo contra lo que no podamos luchar y que la bondad siempre está disponible para nosotros.

Como señala RuPaul, el camino más rápido para superar

nuestra ansiedad es relajarse en el momento presente y simplemente respirar. La mayor herramienta que puedo ofrecerte para tu ansiedad es *shamatha*, pero en cada una de las prácticas que hemos repasado, siempre empezamos dirigiendo nuestra atención a nosotros mismos. Tanto si se trata de la práctica de mindfulness de la respiración como la de benevolencia, es importante que cuidemos bien de nuestro ser, ofreciéndonos la bondad y el amor que necesitamos para florecer. Esta bondad y amor que nos ofrecemos a nosotros mismos como parte del camino Hinayana es la base que nos permite mostrarnos más auténticamente para los demás.

A lo largo de nuestra exploración de mindfulness –tanto de la respiración como de las emociones fuertes– nos damos cuenta de la importancia de ser más amables y cordiales con nosotros mismos. Pema Chödrön dijo una vez: «Desarrollar la amistad incondicional significa dar el paso, que da mucho miedo, de conocerse a sí mismo. Significa estar dispuesto a mirarte con claridad y a quedarte contigo mismo cuando quieras cerrarte. Significa mantener el corazón abierto cuando sientes que lo que ves en ti mismo es demasiado vergonzoso, demasiado doloroso, demasiado desagradable, demasiado odioso».[74] En otras palabras, el acto de la meditación y la alegría de aplicarlo a los detalles de nuestra vida nos muestra todo lo que somos. Llegamos a conocer las partes maravillosas y creativas de nosotros mismos y también las partes ansiosas y estresadas. Cuanto más observas tu relación contigo mismo, más comprendes que puedes aceptar todos los aspectos de lo que eres. Estás innatamente íntegro y completo. Eres básicamente bueno. El vehículo fundacional se basa en darse cuenta de que no tienes que causarte daño a ti mismo ni a los que te rodean y conectar más plenamente con tu bondad innata.

Cuando te relajas en el momento presente, notas que debajo de tu estrés hay un corazón tierno y vulnerable que anhela amar. Como parte del camino Mahayana, exploramos las Cuatro Inconmensurables: la benevolencia, la compasión, la alegría comprensiva y la ecuanimidad, junto con una serie de prácticas para abrir el corazón, que te permiten cambiar el foco de atención y dejar de centrarte solo en tu ansiedad para tener en cuenta el cuidado de los demás.

Estas enseñanzas sobre el lado relativo del camino del Mahayana acerca de la compasión se equilibran con las enseñanzas absolutas sobre la vacuidad, y tengo que agradecer a nuestro querido amigo Atisha sus máximas, que nos ayudan a recordar que podemos abandonar los relatos que nos contamos a nosotros mismos y relajarnos en la realidad tal y como es. Muchos de los conceptos de mindfulness y compasión que estudiamos se elevan a la enésima potencia cuando estudiamos estas máximas de formación mental, incluyendo nuestra gratitud, paciencia y esfuerzo al abrir el corazón a los demás.

Por último, abordamos las enseñanzas del Vajrayana al considerar nuestra vida cotidiana como un campo de formación para transformar nuestra ansiedad. Cuando te relacionas con tu dinero, tu vida amorosa, tu entorno de trabajo o incluso tu desplazamiento matutino desde la perspectiva de la práctica, te das cuenta de que tienes una opción: puedes gastar tu energía mental perdida en el pensamiento o volver al momento presente y encontrar la presencia en este instante.

Como parte de la visión Vajrayana, estamos aprendiendo que podemos practicar meditación hasta el punto de empezar a vivirla. No estamos tratando de hacer mindfulness porque somos, ahora, personas atentas. Estas cualidades se convierten en el sello de nuestra existencia. Entonces, cuando entendemos cómo nos atascamos y nos causamos daño a nosotros mismos y a los demás, empezamos a ver cómo otras personas también se atascan y nuestro corazón se abre a ellas. Ansiamos ayudar al mundo que nos rodea. Nos convertimos en pilares de la compasión, ofreciendo nuestro corazón y nuestra presencia siempre que sea posible dondequiera que estemos. No practicamos meditación para ser mejores meditadores. Practicamos para familiarizarnos con nuestra propia bondad innata, para conectar con la bondad de los demás y para darnos cuenta de la bondad de la sociedad en general.

A nivel externo, este libro es una guía para vivir una vida en la que la ansiedad no gobierne la mente. En un nivel más interno, es una guía para llevar una vida más consciente y compasiva siguiendo los principios budistas. A un nivel más secreto, se trata de comprender nuestra propia bondad fundamental, desarrollar la confianza en ella y verla en los demás para que nos demos cuenta de la bondad inherente en la sociedad.

Si aprendemos a amarnos a nosotros mismos y a los demás y a ver la bondad de todos, podemos cambiar el mundo que nos rodea. Si llevamos nuestra faceta consciente y compasiva a todos los aspectos de nuestra vida personal, a las relaciones interpersonales y a cada sociedad en la que participamos, creamos un efecto dominó y movemos el mundo en la dirección adecuada. Pero esto que digo son solo palabras. Depende de ti pasar a la acción, realizar las prácticas de este libro y ver si te cambian para bien.

Lo bueno es que tienes un enorme poder para ayudar a los demás. Posees todo lo que necesitas dentro de ti para recuperar tu mente, para cambiar tu relación con la ansiedad y, en última instancia, para hacer de este mundo un lugar mejor. Gracias por tu práctica. Estoy aquí haciéndolo junto a ti. Dejemos atrás nuestros patrones negativos y cambiemos juntos este mundo.

Notas

1. Emma Pattee, «The Difference Between Worry, Stress and Anxiety», *New York Times*, 26 de febrero de 2020, https://www.nytimes.com/2020/02/26/smarter-living/the-difference-between-worry-stress-and-anxiety.html.
2. Katie Hurley, «Stress vs Anxiety: How to Tell the Difference», PsyCom, https://www.psycom. net/stress-vs-anxiety-difference.
3. *Ibidem.*
4. Tom Ireland, «What Does Mindfulness Meditation Do to Your Brain?», *Scientific American*, 12 de junio de 2014, https://blogs.scientificamerican. com/guest-blog/ what-does-mindfulness-meditation-do-to-your-brain/.
5. *Ibidem.*
6. Gil Fronsdal, *The Dhammapada: A New Translation of the Buddhist Classic with Annotations* (Boston, MA: Shambhala Publications, 2005), pág. 1.
7. Thich Nhat Hanh, *How to Love* (Berkeley, CA: Parallax Press, 2015), pág. 23.
8. Chögyam Trungpa Rinpoche, *Shambhala: Sacred Path of the Warrior* (Boston, MA: Shambhala Publications, 2007), pág. 52.
9. Emmanuel Vaughan-Lee, «Radical Dharma: An Interview with angel Kyodo williams», *Emergence*, https://emergencemagazine.org/story/radical-dharma/
10. Sharon Salzberg, *Loving-Kindness: The Revolutionary Art of Happiness* (Boston, MA: Shambhala Publications, 1995), pág. 93.
11. Zenju Earthlyn Manuel, *The Way of Tenderness: Awakening through Race, Sexuality, and Gender* (Boston, MA: Wisdom Publications, 2015), pág. 45.
12. Chögyam Trungpa Rinpoche, *Training the Mind and Cultivating Loving-Kindness* (Boston, MA: Shambhala Publications, 1993), pág. 43.
13. The Dalai Lama. *The Dalai Lama Book of Quotes*, comp. Travis Hellstrom (Long Island City, NY: Hatherleigh Press, 2016), pág. 23.

14. Thanissaro Bhikkhu (trad.), «Vaca Sutta: A Statement», *Access to Insight* (BCBS Edition), 3 de julio de 2010, http://www.accesstoinsight.org/tipitaka/an/an05/an05.198.than.html.

15. The Karmapa, Ogyen Trinley Dorje, *Interconnected* (Somerville, MA: Wisdom Publications, 2017), pág. 41.

16. *Ibidem*, pág. 235.

17. Dza Kilung Rinpoche, *The Relaxed Mind: A Seven-Step Method for Deepening Meditation Practice* (Boston, MA: Shambhala Publications, 2015), pág. xxiii.

18. Thich Nhat Hanh, *How to Fight* (Berkeley, CA: Parallax Press, 2017), pág. 14.

19. Phrases for Stress, Joseph Goldstein, 10% Happier App (2018).

20. Pema Chödrön, «Pema Chödrön on Waking Up—and Benefiting Others», *Lion's Roar*, 25 de febrero de 2017, https://www.lionsroar.com/no-time-to-lose/.

21. Cleo Wade, *Where to Begin* (Nueva York: Atria Books, 2019), pág. 148.

22. bell hooks, *All about Love: New Visions* (Nueva York: William Morrow, 2000), pág. 95.

23. Thich Nhat Hanh, *Essential Writings* (Maryknoll, NY: Orbis Books, 2001), pág. 149.

24. Chögyam Trungpa Rinpoche, *Shambhala: Sacred Path of the Warrior* (Boston, MA: Shambhala Publications, 2007), pág. 12.

25. Adreanna Limbach, *Tea and Cake with Demons: A Buddhist Guide to Feeling Worthy* (Boulder, CO: Sounds True, 2019), pág. 183.

26. John Lewis, entrevistado por Krista Tippett, *On Being with Krista Tippett*, 28 de marzo de 2013, https://onbeing.org/programs/john-lewis-love-in-action-jan2017/.

27. Thich Nhat Hanh, *Essential Writings* (Maryknoll, NY: Orbis Books, 2001), pág. 97

28. John Lewis, entrevistado por Krista Tippett, *On Being with Krista Tippett*, 28 de marzo de 2013, https://onbeing.org/programs/john-lewis-love-in-action-jan2017/.

29. bell hooks, *All About Love: New Visions* (Nueva York: William Morrow, 2000), pág. 4.

30. Sharon Salzberg, *Loving-Kindness: The Revolutionary Art of Happiness* (Boston, MA: Shambhala Publications, 1995), pág. 28.

31. Acharya Buddhakkhita, «Metta: The Philosophy and Practice of Universal Love», *Access to Insight* (BCBS Edition), 30 de noviembre de 2013, https://www.accesstoinsight.org/lib/authors/buddharakkhita/wheel365.html.

32. The Amaravati Sangha (trad.), «Karaniya Metta Sutta: The Buddha's Words on Loving-kindness», *Access to Insight* (BCBS Edition), 2 de noviembre de 2013, https://www.accesstoinsight.org/tipitaka/kn/khp/khp.9.amar.html.
33. Sharon Salzberg, «Keeping Anxiety in Perspective», *Ten Percent Happier*, 25 de febrero de 2020, https://www.tenpercent.com/meditationweeklyblog/keeping-anxiety-in-perspective.
34. Sharon Salzberg, *Loving-Kindness: The Revolutionary Art of Happiness* (Boston, MA: Shambhala Publications, 1995), págs. 40-41.
35. Rev. angel Kyodo williams, Lama Rod Owens, y Jasmine Syedullah, *Radical Dharma: Talking Race, Love, and Liberation* (Berkeley, CA: North Atlantic Books, 2016), pág. 96.
36. Thich Nhat Hanh, *Essential Writings* (Maryknoll, NY: Orbis Books, 2001), pág. 103.
37. Dalai Lama. *The Dalai Lama Book of Quotes*, comp. Travis Hellstrom (Long Island City, NY: Hatherleigh Press, 2016), pág. 10.
38. Thich Nhat Hanh, *How to Fight* (Berkeley, CA: Parallax Press, 2017), pág. 103.
39. En instituteforcompassionateleadership.org pueden encontrarse varios de los recursos de esta organización.
40. Pema Chödrön, *When Things Fall Apart: Heart Advice for Difficult Times* (Boston, MA: Shambhala Publications, 2000), págs. 107-108
41. Susan Piver, *The Four Noble Truths of Love: Buddhist Wisdom for Modern Relationship* (Somerville, MA: Lionheart Press, 2018), 146.
42. Su Santidad el Dalai Lama y el arzobispo Desmond Tutu con Douglas Carlton Abrams, *The Book of Joy: Lasting Happiness in a Changing World* (Nueva York: Avery, 2016).
43. Thich Nhat Hanh, *How to Love* (Berkeley, CA: Parallax , 2015), pág. 8.
44. Pema Chödrön, *Welcoming the Unwelcome: Wholehearted Living in a Brokenhearted World* (Boulder, CO: Shambhala Publications, 2019), pág. 118.
45. Sharon Salzberg, *Loving-Kindness: The Revolutionary Art of Happiness* (Boston, MA: Shambhala Publications, 1995), pág. 150.
46. Thich Nhat Hanh, *Fidelity: How to Create a Loving Relationship That Lasts* (Berkeley, CA: Parallax Press, 2011), pág. 81.
47. The Karmapa, Ogyen Trinley Dorje, *The Heart is Noble: Changing the World from the Inside Out* (Boston, MA: Shambhala Publications, 2013), pág. 26.
48. Chögyam Trungpa Rinpoche, *Training the Mind and Cultivating Loving-Kindness* (Boston, MA: Shambhala Publications, 1993), pág. 29.

49. Pema Chödrön, «How Lojong Awakens Your Heart», *Lion's Roar*, 22 de noviembre de 2017, https://www.lionsroar.com/dont-give-up/.

50. Sharon Salzberg, «Maintaining Hope in Hard Times», T*en Percent Happier*, 16 de octubre de 2019, https://www.tenpercent.com/meditationweeklyblog/maintaining-hope-in-hard-times.

51. Traleg Kyabgon, *The Practice of Lojong: Cultivating Compassion Through Training the Mind* (Boston, MA: Shambhala Publications, 2007), pág. 97.

52. Chögyam Trungpa Rinpoche, «Timely Rain», en *Timely Rain: Selected Poetry of Chögyam Trungpa* (Boston, MA: Shambhala Publications, 1998), pág. 35.

53. En este momento de mi vida, me parece que este dardo es más gratuito de lo que solía ser. Mi madre es muy agradable; deberías conocerla si tienes oportunidad.

54. Sharon Salzberg, *Real Happiness: The Power of Meditation* (Nueva York, NY: Workman Publishing Company, 2010), pág. 104.

55. Chögyam Trungpa Rinpoche, *Work, Sex, Money* (Boston, MA: Shambhala Publications, 2011), pág. 195.

56. *Ibidem*, pág. 172.

57. David Chadwick (comp.), *Zen is Right Here* (Boston, MA: Shambhala Publications, 2001), pág. 39.

58. Baltasar Gracián, *The Art of World Wisdom* (Boston, MA: Shambhala Publications, 1993), pág. 60.

59. Millicent Fenwick, *Vogue's Book of Etiquette* (NuevaYork: Simon and Schuster, 1948), pág. 16.

60. Philip Gollanes, *New York Times*, 8 de diciembre de 2016.

61. Thich Nhat Hanh, *How to Love* (Parallax Press, Berkeley, 2015), pág. 67.

62. John Lewis, entrevista de Krista Tippett, *On Being with Krista Tippett*, 28 de marzo de 2013, https://onbeing.org/programs/john-lewis-love-in-action-jan2017/.

63. Baltasar Gracián, *The Art of World Wisdom* (Boston, MA: Shambhala Publications, 1993), pág. 185.

64. John Bridges, *How to Be a Gentleman* (Nashville, TN: Thomas Nelson, 1998), pág. 106.

65. Philip Gollanes, *New York Times*, 9 de marzo de 2017.

66. Chögyam Trungpa Rinpoche, *Shambhala: Sacred Path of the Warrior* (Boston, MA: Shambhala Publications, 2007), pág. 15.

67. Shantideva, *The Way of the Bodhisattva* (Boston, MA: Shambhala Publications, 2012), pág. 118.

68. John Bridges, *How to Be a Gentleman* (Nashville, TN: Thomas Nelson, 1998), pág. 38.

69. Graham Greene, *May We Borrow Your Husband?* (Londres: The Bodley Head, 1967).

70. The Karmapa, Ogyen Trinley Dorje, *The Heart is Noble: Changing the World from the Inside Out* (Boston, MA: Shambhala Publications, 2013), págs. 25-26.

71 Thich Nhat Hanh, *How to Fight* (Berkeley, CA: Parallax Press, 2017), pág. 8.

72. *Ibidem*, pág. 103.

73. Millicent Fenwick, *Vogue's Book of Etiquette* (Nueva York: Simon and Schuster, 1948), pág. 235.

74. Pema Chödrön, «Smile at Fear: Pema Chödrön on Bravery, Open Heart & Basic Goodness», *Lion's Roar*, 31 de octubre de 2018, https://www.lionsroar.com/smile-at-fear-pema-chodrons-teachings-on-bravery-open-heart-basic-goodness/

Agradecimientos

Siempre me conmueve que alguien lea mis libros. Este es el séptimo, y el asombro de que tengas este objeto en la mano y estemos hablando de ello como si estuviéramos sentados en la mesa del comedor charlando resulta todavía muy conmovedor para mí. Eres el mejor. Gracias.

Este libro no habría llegado a buen puerto si no fuera por ciertas personas encantadoras. Gracias a mi agente, Stephanie Tade, que creyó en él y vio en qué se convertiría antes que yo, así como a Alice Peck, mi maravillosa editora, que fue muy reflexiva en su enfoque. Alice me retó no solo a hacer un libro mejor, sino a ser un mejor escritor. Espero no haberla defraudado. Diedre Hammons utilizó sus ojos agudos y pulió esta cosa más allá de lo posible. Jess Morphew ha defendido mi trabajo de muchas maneras a lo largo de los años y ha hecho un trabajo exquisito en la portada y el interior. Tengo la suerte de que mi libro haya estado en manos de mujeres tan sabias y perspicaces.

Mi amor y gratitud van dirigidos a los amigos que me invitaron a copas, me contaron historias y me recomendaron recursos para este libro como Jeff Grow, Juan Carlos Castro, Ericka Phillips, Laura Sinkman, Dave Perrin, Marina Acosta, Tom Krieglstein, Rodney Solomon, Matt Bonaccorso, Brett Eggleston, David Delcourt y Dev Aujla. Mi madre, Beth Rinzler, siempre ha estado ahí para mí, por lo que me siento muy agradecido.

Tengo la suerte de contar con colegas, mentores y maestros de muchas tradiciones budistas. Les doy las gracias y espero honrarlos con mi trabajo: Susan Piver, Lama Rod Owens, Charlie Morley, Sharon Salzberg, Frank Ryan, Kilung Rinpoche y Thich Nhat Hanh, por nombrar solo a algunas personas muy queridas.

Por último, estaría perdido si no fuera por Adreanna Limbach, mi esposa. Ella es increíblemente amable, lo que incluye señalar amablemente mis puntos ciegos, y eso ha ayudado a dar forma a este libro. En este breve momento, necesito decir en voz alta que todo el trabajo que realizo en beneficio de los demás solo es posible gracias al amor de esta mujer. Su gracia, su gentileza y su discernimiento me guían de maneras que quizá no siempre reconozca. Te quiero y te agradezco que hayas aceptado pasar tu vida conmigo.

Muchas gracias a todos por dar vida a este libro y que ayude a muchas personas.

Sobre el autor

Lodro Rinzler es autor de siete libros de meditación, entre ellos *El Buda entra en un bar* y *Corazones rotos. Consejos budistas para el desconsuelo.* Sus libros *Camina como un Buda* y *Budismo para entrar en la oficina* han recibido el premio Independent Publisher Book Awards. Lleva veinte años enseñando meditación en la tradición budista tibetana y viaja con frecuencia por todo el mundo para dar a conocer sus libros y dar conferencias en universidades y empresas tan diversas como Google, la Universidad de Harvard y la Casa Blanca. Vive en el norte del estado de Nueva York con su esposa Adreanna y un enjambre de seres peludos, y responde personalmente a cada nota que un lector le envíe a través de lodrorinzler.com.

editorial **K**airós

Puede recibir información sobre
nuestros libros y colecciones inscribiéndose en:

www.editorialkairos.com
www.editorialkairos.com/newsletter.html
www.letraskairos.com

Numancia, 117-121 • 08029 Barcelona • España
tel. +34 934 949 490 • info@editorialkairos.com